国家出版基金项目
NATIONAL PUBLICATION FOUNDATION

鄭鶴聲◎編

史漢研究

山西出版傳媒集團
山西人民出版社

圖書在版編目(CIP)數據

史漢研究 / 鄭鶴聲編. —太原： 山西人民出版社，2014.12

(近代名家散佚學術著作叢刊 / 許嘉璐主編)

ISBN 978-7-203-08858-5

Ⅰ. ①史… Ⅱ. ①鄭… Ⅲ. ①《史記》－研究 ②《漢書》－研究 Ⅳ. ①K204.2 ②K234.07

中國版本圖書館CIP數據核字(2014)第290005號

史漢研究

主　　編　許嘉璐
編　　者　鄭鶴聲
責任編輯　秦繼華

出 版 者　山西出版傳媒集團·山西人民出版社
地　　址　太原市建設南路21號
郵　　編　030012
發行營銷　0351-4922220　4955996　4956039
　　　　　0351-4922127(傳真)　4956038(郵購)
E-mail　sxskcb@163.com　發行部
　　　　　sxskcb@126.com　總編室
網　　址　www.sxskcb.com

經 銷 者　山西出版傳媒集團·山西人民出版社
承 印 廠　山西出版傳媒集團·山西人民印刷有限責任公司

開　　本　700mm×970mm　1/16
印　　張　13.5
字　　數　103千字
印　　數　1—3000冊
版　　次　2014年12月　第1版
印　　次　2014年12月　第1次印刷
書　　號　ISBN 978-7-203-08858-5
定　　價　30.00圓

《近代名家散佚學術著作叢刊》編委會

出版説明

近代名家散佚學術著作叢刊選取一九四九年以後未再刊行之近代名家學術著作共一百二十册，編例如次：

一、本叢書遴選之著作在相關學術領域具有一定的代表性，在學術研究方向、方法上獨具特色。

二、爲避免重新排印時出錯，本叢書原本原貌影印出版。影印之底本皆經專家組審定，原書字體大小，排版格式均未做大的改變，原書之序言、附注皆予保留。

三、本叢書分爲八大類，以作者生卒年編次。

四、爲使叢書體例一致，本叢書前言後記均采用繁體字排版。

五、個别頁碼較少的版本，爲方便裝幀和閱讀，進行了合訂。

六、少數學術著作原書内容有個别破損之處，編者以不改變版本内容爲前提，部分進行修補，難以修復之處保留缺損原狀。

七、原版書中個别錯訛之處，皆照原樣影印，未做修改。

八、所選版本之抽印本頁碼標注，起始至所終頁碼均照原樣影印，未重新編排標注新頁碼。

由於叢書規模較大，不足之處，殷切期待方家指正。

總序／

披沙瀝金，以爲鏡鑒

◇許嘉璐

多年來有一個問題始終在我腦中盤桓：爲什麽在十九世紀末到二十世紀初，在短短的幾十年裏，中國的各個學術領域竟涌現了那麽多大師級的人物？這是中國近代史上一個極爲重要的現象，我認爲，如果不能給出令人滿意的答案，我們撰寫的近代學術史將是不完整的，甚至是缺乏靈魂的。後來我知道，著名人類學家克羅伯曾提出過一個問題：爲什麽天才成群地來？看來這種現象的出現並非中國所獨有，思考其所以然的也大有人在。而在那一次世紀之交中國的情況，似乎應驗了「天才成群地來」這個令克氏久久不解的疑問。錢學森先生曾從相反的方向提出了相同的疑問：爲什麽我們這個時代出現不了杰出人才？後來人們稱這個問題爲「錢學森之謎」。

要回答這些疑問不是件容易的事。與其迅速地囫圇地探尋，不如先多了解那些讓中國近代學術（應該包括人文科學和自然科學）史上閃耀着光輝的大師們的作品和自述，從而在腦海里盡量「復原」他們所處的環境和在那種環境下的心理路徑，從中或許可以得到一些啓示。

有一點是顯然的，這就是他們雖然都已遠離塵世而去，但是他們獨立思考的品性、求知治學的真誠、困厄窮愁中對節操的堅守，恐怕是他們共同的主觀因素，一直影響到現在，而且將會永遠留存下去。

就思想界、學術界而言，二十世紀上半葉是一個新説和舊説碰撞，中學和西學融匯的大時代。那時的學人極爲重視言行操守，同時具備現代知識分子的理想信念；他們的學術研究十分純净，絶少功利因素；他們的視界開闊，以包容的心態和嚴謹的風格造就了成果的大氣與厚重。至於在客觀因素一面，他們實際是在用工業化時代的事實解説着太史公所説的名山之作「大抵聖賢發憤之所爲作」，困厄苦難使得他們「皆意有所鬱結」。這種鬱結，幾乎和個人的名利毫無牽涉，他們永遠不能釋懷的，是民族的存亡、國運的興衰、民衆的福禍和文脈的續斷。

那個時代也是近代歷史上最大規模的中西古今學術調適、創新的時期，學術方法上的交互滲透和融合、創新亦可謂「於斯爲盛」。斯時之學人是要在封閉的屋墻上鑿出窗子的勇士，是使人能够看看外部世界的第一批導夫先路者；或者可以説，他們是在「意有所鬱結」時「彷徨」和「吶喊」的「狂人」。

相對於那時的哲人們，後來者是幸運兒。現在的形勢是，近三十年來學界空前繁榮，衆多學科有了長足之進，其中很重要的一點是學界有了更新穎、更廣闊的國際視野，似乎接續上了百年前的學壇盛事。但細想想，「古」與「今」還是有差別的。其异，主要不在於世界情勢、學術進展、工具改善這些客觀存在，而在於在廣泛吸收各國優長的同時，自身文化的主體性越來越受到重視，換言之，「拿來主義」已經延長了「拿來」的程序，加上了試用、甄別、篩選、吸收、融合、成長。就我孤陋所見，在當今地球上，面向所有異質文明，努力汲取我之所缺，其範圍之大和心態之切，似乎無出中國之右者。從這個角度説，我們已經超越了前輩。但是事情還有另外一面，學術，特別是人文學科，其職業化、「沙龍化」和功利性，以及隨之而來的浮躁病却嚴重了。從這個角度説，是不是我們已經後退得够可以的了？而這是不是我們這個時代出不了大師的原因之一呢？

民國學術界的特點之一是極爲注重對傳統的反省、批判與繼承。他們對傳統文化盡最大的努力進行整理和研究。一方面，由於戰亂頻仍，民不聊生，學者們擔起了讓中華文化薪火相傳的歷史責任；另一方面，他們要通過對中國傳統文化的整理、挖掘來重振民族自信心。這一時期對傳統文化進行整理的全面而深入是前所未有的，舉凡文字學、語言學、經濟學、法學、哲學、政治制度、書法繪畫、金石學……規模之宏大，研究之精微，令人嘆爲觀止。

民國學術推動了現代學科體系的建立。在對傳統文化整理和研究的基礎上，吸收西方的文化思想和理念，推動和建立了中國現代學科體系。例如，在對語言文字和音韵學成果進行整理、研究的基礎上開始着手規範之，建立了國語學；深入研究書法、國畫，將其融入了現代美術學科；在廢除舊有學制後逐步建立起小、中、大學較完整的科目和學科體系。

民國學術也改變了傳統學術方式，建立了新的研究範式。以現代科學考古爲發端，科研的實踐和成果使中國知識界真正認識到在實驗、比較基礎上的邏輯分析對學術研究的重要，推進了中國學術的一大演變。至於我們常説的打破士大夫傳統、走出書齋到田野鄉村和市民中進行調查研究、結束了經學時代、以歷史眼光檢視儒學和諸子等等，都是確立新學術範式的努力。這一轉變，也標誌着中國學術界脱胎换骨，全面進入了現代，爲此後的學術發展奠定了堅實的基礎。當然，西方啓蒙運動以來，在「現代性」和「現代化」裏潛伏着的缺陷和謬誤也傳到了中國，這些不能不在前哲的著作裏留下痕迹。這並不奇怪。類似的情況，古往今來孰能免之？猶如今天的我們，誰敢自稱我之所見就是永恒的真理？在這個問題上兩個時代所異者，或許就在昔時大家創立新説或譯註西學著作，往往是懷着對學術和前哲的敬畏而爲之，故而常常誤不在我；當今則往往出於對學問和他人的輕蔑，或以所研究的對象爲謀己的工具，因而難辭主觀之咎吧。翻閲他們的心血之作，這些復雜的狀況可以顯見，可以視之爲我們的一面鏡子。

滄海桑田，世事變幻，歷史的動盪和時代的遮蔽，使當年許多大師的一些極有價值的學術著作被棄於故紙堆中，不能不令人有遺珠之憾。爲此，山西人民出版社不惜以數年之艱辛，披沙瀝金，編輯出版這套近代名家散佚學術著作叢刊，凡一百二十册，計文學、史學、政治與法律、美學與文藝理論、民族風俗、宗教與哲學、經濟、語言文獻共八大類別。所選皆爲作者之純學術著作，無論是其見解、精神，抑或是其時代烙印，都是後輩學人可資借鑒的寶貴財富。他們出版這套叢書，意在讓世人不忘來程，知篳路藍縷之不易，爲民族文化的傳承再增薪木。

出版社的初衷，與我近年來所思所慮近似，故願略述淺見於書端，以與策劃者、編輯者和讀者共勉。

二〇一四年七月六日

改定於自安東回京途中

前言

◇汪高鑫

中國近代的歷史，交織着多重矛盾。有傳統社會所具有的階級矛盾，有因帝國主義入侵而激化的民族矛盾，還有新舊思想觀念的矛盾，等等。正是社會矛盾的激盪，促進了近代社會的運動、嬗變與轉型，帶動了社會各種思潮的不斷涌現，進而引發了各種史學思潮的興起和近代史學的發展。一言以蔽之，近代中國史學與史學思想的發展變化，與近代中國社會的變遷是休戚相關的。

民國時期的社會變遷與轉型，直接促成了民國史學的發展和史學觀念的改變以及史學方法的創新。縱觀民國時期社會變遷與史學的發展，大致可以劃分爲兩個時期，第一個時期從一九一二年民國成立到一九三七年抗戰爆發，第二個時期從一九三七年抗戰爆發到一九四九年新中國成立。

第一個時期，中國社會的變遷大致經歷了從中華民國建立到北洋軍閥統治、從五四運動的爆發到兩次國内革命戰争兩個階段。與此相對應，民國史學的發展也緊隨時代變化，明顯呈現出時代特徵。

在第一個階段，中國爆發了辛亥革命，結束了兩千多年的帝制統治，建立了資産階級民主共和體制的中華民國，然而資産階級臨時政府的權力很快又落入到袁世凱北洋軍閥手裏，中國政治進入了北洋軍閥黑暗統治時期。以梁啓超爲代表的一些早期提倡新史學的史家，因爲對袁世凱政府抱有幻想，而參加了北洋軍閥政府，由於忙於事務性的工作，早前由他們發動的資産階級新史學工作因此被耽擱了。這一時期新史學流派的歷史研究沒有取得什麼實質性的成果。

北洋軍閥政府的獨裁統治與尊孔復古，激起了全社會的反抗，隨着維護資産階級民主共和的護國運動和護法運動的相繼開展，思想文化領域反對尊孔復古的新文化運動也於一九一五年開始廣泛開展起來，「民主」與「科學」便是這一運動所打出的旗幟。與此同時，大概自一九一六年以後，隨着一些留美、日、歐學生先後歸國，帶來了各種資産階級新思想。一時間，各種西方新學説不斷涌入，如英國羅素的社會改良主義、法國柏格森的生命哲學、德國李凱爾特的新康德主義、美國杜威的實用主義、馬克思主義，如此等等，當時中國的思想界可謂非常活躍。這些新學説、新思想的涌入，大大激發了這一時期中國史學家們的史學思想與歷史研究，各種新的史學研究方法得到介紹和提倡，史學出現了新的氣象。

從新文化運動到一九一九年五四運動時期，史學的代表人物主要有胡適、王國維、李大釗等人。胡適一九一七年留美回國後，很快成爲新文化運動的代表人物之一。在治學方法上，他將美國學者杜威的實驗主義運用到史學研究當中，於一九一九年提出了「大膽的假設，小心的求證」的治史方法和「整理國故，再造文明」的口號，發表了中國哲學史大綱這一以實驗主義研究中國歷史的示範之作，由此開啓了近代中國實證主義史學。王國維一九一六年留日歸國後，致力於甲骨文、今文和古器物考釋等的研究，一九一七年寫成的殷卜辭中所見先公先王考、殷周制度論，是考古學與歷史學相結合的開創性的研究成果。胡適與王國維等人的史學研究與方法，開創了近代中國史學研究的新範式。李大釗是近代中國第一個傳播馬克思主義的史學家。他於一九一六年留日歸國後，便積極投身於新文化運動中。當年發表了長文民彝與政治，從學理上論述如何根除帝制獨裁問題；次年發表了自然的倫理觀與孔子，對北洋軍閥政府尊孔復古進行抨擊；一九一九年在新青年上發表了我的馬克思主義觀，開始係統介紹馬克思主義史學理論，由此奠基了中國馬克思主義歷史觀。

第二個階段，爲中國兩次國内革命戰争時期。第一次國共合作北伐，取得了反對北洋軍閥統治的勝利；第二次國共内戰，其間日本帝國主義不斷擴大侵華，民族危機日益加重。盡管這一時期的中國戰亂不已，國家還面臨着嚴重的民族危機，卻是民國史學大發展時期；而造就這種大發展的原因，既有五四新學術思想的持續爆發的因素，也與二十世紀二三十年代社會變遷密不可分。

二十世紀二三十年代民國史學的大發展，突出表現在新歷史考證學上，這顯然是對五四時期開啓的實證史學的繼續和發展。一九一九年底，胡適發起「整理國故」運動，從歷史學的角度提出「整理國故」的步驟與方法，繼續宣揚他的所謂學術求真。胡適認爲，「整理國故」的目的在於學術求真，並非現實致用，並提出了「整理國故」的四個具體步驟：第一步是條理係統的整理，第二步是尋出每種學術思想發生原因和效果，第三步是要用科學的方法做精確的考證，第四步是綜合前三步的研究還他一個本來面目。應該説胡適的「整理國故」對於歷史研究有着方法論的意義。受胡適疑古實證思想影響的顧頡剛，在史學上的突出成就和影響，是提出「層累地造成的中國古史」的觀點，以及創辦古史辨，推動中國古史的研究。顧頡剛古史辨的具體成就，除去提出「層累地造成的中國古史」的命題，還揭示了三皇五帝古史係統由神話傳説層累造成，打破了民族出於一元和地域向來一統的傳統説法，以及對古書著作時代的大量考訂。顧頡剛的治史宗旨，用他自己的話來説，就是「只當問真不真，不當問用不用」（注一）。傅斯年曾經留學德國，深受西方蘭克「史料即史學」的實證主義影響。一九二八年創辦中央研究院歷史語言研究所，大力宣揚蘭克史學思想。按照傅斯年的説法，「學問之道，全在求是」（注二），一分材料只能説一分話，史學便是史料學。王國維在這一時期的歷史考證涉獵廣博，於漢晉木簡研究有流沙墜簡考釋、墜簡考釋補證和簡牘檢署考，於敦煌寫卷研究有與羅振玉合編的敦煌石室遺書，於甲骨文等古文字研究貢獻尤大。在治史方法與理論上，王國維的

「二重證據法」之「古史新證」理論，對於民國史學的影響極大。陳垣這一時期的治史集中於宗教史和文獻學。於宗教史上，從一九一七年至一九二三年，他先後發表了元也里可溫考、開封一賜樂業教考、火祆教入中國考和摩尼教入中國考，合稱「古教四考」；於文獻學上，他對目録學、年代學、史諱學和校勘學等領域多有建樹。陳垣治史以重史源、講類例爲其特點。以上史家雖然治學方法與特點不盡相同，但都以考證見長。

這一時期「新史學」史家的史學研究與方法也取得了一定的成就。梁啓超這一時期的史學研究可謂多産，從一九二〇年至一九二七年，先後發表清代學術概論、先秦政治思想、中國歷史研究法及補編、中國近三百年學術史和古書真僞及其年代等，治史重點在學術史與方法論。與當年發起「新史學」相比，梁氏這一時期的史學研究呈現出廣疏多變的特點。何炳松在「新史學」思潮中可謂獨樹一幟，他於二十世紀二三十年代中國史學界的最大影響，便是對魯濱遜新史學的介紹和評論。何炳松係統闡發了「新史學」的「綜合史觀」，主張歷史研究要反映人類活動的全部，史學研究的方法應該多元化，如統計學的方法、生物學的方法等等，要綜合利用各種學科的成果特别是新學科的進展開展歷史的研究，並表達了對於歷史學的意義、價值和發展前景的看法。

與此同時，這一時期的馬克思主義史家對歷史學的研究繼續做出了貢獻。一九二四年，李大釗出版史學要論，運用唯物史觀對歷史、歷史學、歷史學的係統、史學在科學中的地位、史學與其他相關學科之間的關係、現代史學的研究及於人生態度的影響等史學基本理論問題作了闡述。一九二七年大革命失敗後，一些關注中國前途與命運的學者受到困惑，於是一場關於中國社會性質的大論戰逐漸開展起來。馬克思主義史家積極參與其中，郭沫若便是其中的杰出代表。一九三〇年，郭沫若出版了中國古代社會研究一書，這是民國時期中國第一部運用唯物史觀分析、解剖中國古代社會的著作。該書以物質資料生産方式的發展和變革來解釋中國古代社會歷史發展的全過程，論證中國歷史發展與世界歷史發展的共同性，對中國古史分期提出了自己獨創性的看法。參與社會史大論戰的馬克思主義史學家還有吕振羽、何幹之、翦伯贊、侯外廬、鄧拓等人。但總體來看，與歷史考證學派相比，這一時期的「新史學」派和馬克思主義史學派並不佔據主流。

第二個時期，中國經歷了抗日戰爭和解放戰爭，民國史學在這個時期的表現有兩個顯著特點：其一是緊緊服務於抗戰的需要而出現的抗戰史學；其二是馬克思主義史學得到了迅速發展，逐漸形成自己的革命史學體係。

抗日戰爭的爆發，引起了中國史學界巨大的震撼。面對中華民族出現前所未有的嚴重危機，在第一時期佔據史學主流地位的新考證學派史家，他們過去那種一味重視學術求真，而不講究學術致用的治史價值取向，在這時發生了重大改變，開始以史學積極服務於抗戰。早在九一八事變以後，面對中華民族的危機，顧頡剛、傅斯年、陳垣等考證學派史家就開始拿起自己的史筆，積極投身於抗日救亡的時代大潮中。顧頡剛一九三四年創辦禹貢半月刊，開始高舉愛國主義的民族主義旗幟。之所以要以「禹貢」爲刊名，按照顧頡剛的説法，是「今日談起禹域，都會想起『華夏之不可侮與國土之不可裂』」（注三）。很顯然，禹貢半月刊的宗旨，便是要通過對於邊疆歷史地理的研究，激發全民族抵抗日本帝國主義侵略的熱情與决心，以達到維護祖國領土完整的目的。傅斯年在九一八事變後，出版了東北史綱，以大量史實論證東北自古以來就是中國的固有領土，對日本帝國主義御用歷史學家的種種歪曲史實的謬論予以駁斥。全面抗戰爆發後，傅斯年又寫了中國民族革命史一書，雖然是未完稿，卻已經表達了他的民族思想。該書以歷史爲依據，充分論證了中華民族的同一性、整體性和不可分割性，因此，在面對日本帝國主義侵略中國的嚴重危機的緊要關頭，中華民族應該團結起來共同禦侮，要發揚中華民族百折不撓的精神，樹立起中華民族抗戰的必勝信心。陳垣在新中國成立後給友人的書信中講到了九一八事變後他的治史取向的轉變：「九一八以前，爲同學講嘉定錢氏之學；九一八以後，世變日亟，乃改顧氏日知録，注意事功，以爲經世之學在是矣。」（注四）抗戰爆發後，陳垣當時身陷淪陷區，卻堅持以史學爲抗戰服務，其中最具代表性的史著便是「宗教三書」和通鑑胡注表微。所謂「宗教三書」，是指明季滇黔佛教考、清初僧諍記和南宋初河北新道教考，雖然講的是宗教，卻表現了愛國的民族情操。明季滇黔佛教考是表彰明末遺民的愛國精神與民族氣節；清初僧諍記是通過宗教史的研究，來揭露變節者、抨擊賣國求榮的漢奸；南宋初河北新道教考也是用以表彰抗節不仕之遺民。通鑑胡注表微是陳垣最具代表性的史學著作，也是一部關注現實的史著，書中表現出了陳垣對歷史前途和民族命運的思考。錢穆在抗戰時期的史學研究，愛國的民族主義色彩也非常濃厚。一九三七年，錢穆寫成了與梁啓超同名史著中國近三百年學術史。該書以思想文化爲基礎和綫索，以學術傳承爲核心，通過史實證明中國傳統文化的優越性，旨在提醒國人要重視挖掘中國傳統文化的長處和價值，持守中國傳統文化的精神，保持一種民族的自信心。毫無疑問，這種民族自信對於全民族團結抗戰是非常必要的。一九四〇年，錢穆多年國史教學講義國史大綱出版。該書以「國史」作稱謂，反映了作者作史的民族國家本位意識。錢穆明確指出：「治國史之第一任務，在能於國家民族之内部自身，求得其獨立精神之所在。」（注五）該書的具體内容也充分體現了這一精神，它將文化、民族與歷史三者結合起來對中國歷史加以考察，認爲這種歷史發展過程即是民族文化精神的演進過程，歷史研究的目的不僅在於弄清楚歷史的真實，更重要在於弄清楚歷史背後蘊藏的民族文化精神，從而積極地去傳承這種民族文化精神。

當然，新考證學派史家開始轉向經世致用，只是治史的價值取向發生了變化，並不等於放棄了一貫的注重考證的治史方法。相反，在民國後期，這種治史方法還得到了發展，并且取得了很多重要成果，陳寅恪的詩文箋證和「民族文化之史」的論述便是典型代表。陳寅恪屬於考證學派代表人物之一，這一時期出版的隋唐制度淵源略論稿和唐代政治史述論稿是其考證隋唐史的力作。陳寅恪對於史料的運用有自己獨到的見解，認爲史家之於史料應該善於審定，辯證地看待真僞；同時要善於利用史料，詩詞、小説，以及稗史、筆記等，都可以用做歷史研究的材料，這顯然是一種「通識」的史料觀。陳寅恪詩文箋證的治史方法，即是在這種史料觀的指導下産生的，具體做法是以歷史記載去箋證詩文，同時詩文又可用以證史、探討史事，從而開闢出了一條新的證史路徑。一九五〇年出版的元白詩箋證稿，以及晚年寫成的巨作柳如是别傳，便是運用這種方法的代表作。陳寅恪關於「民族文化之史」的論述，其基本内涵包括政治制度、社會習俗、學術思想、文學藝術。陳寅恪的歷史觀念，是要以民族文化爲根基，同時吸收外來學説，由此構建起本民族思想文化體係；而不談經濟基礎的作用，則是其歷史觀念的局限性。

這一時期的中國馬克思主義史學家，不但積極投身於抗戰史學當中，爲全民抗戰進行歷史研究，而且把歷史研究與當時的革命鬥争相結合，逐漸形成了馬克思主義的革命史學。縱觀這一時期中國馬克思主義史學研究，主要在以下三個方面取得了顯著成就：其一是社會史研究，代表史家有吕振羽、鄧初民、侯外廬等人。吕振羽於一九四二年出版了中國社會史諸問題，該書是對二十世紀二三十年代中國社會史問題論戰的一個較爲係統的總結，正如作者在新版序言中所説，該書「反映了中國新史學在歷史科學戰綫上的鬥争過程中的若干情况，也反映了有關各派對中國史問題的基本立場、觀點、方法及其在一定時期的發展過程，可作爲中國馬克思主義史學史的參考資料」。鄧初民於一九四〇年和一九四二年分别撰寫出版了社會史簡明教程和中國社會史教程，兩書運用馬克思主義唯物史觀，分别論述了人類社會歷史的發展過程及其規律和中國社會歷史的發展過程及其規律。在中國社會史教程一書中，鄧初民指出了中國社會發展的前途是光明燦爛的，我們應該要「努最後必死之力，加以争取」。侯外廬於一九四七年出版了中國古代社會一書，內容涉及生産方式、政治結構、階級關係、國家和法以及道德起源等問題，見解頗爲深刻。總體來説，這些社會史著作可以被看作是二十世紀二三十年代社會史大論戰的總結、延續和深入。

其二是通史研究。這方面的成就尤爲突出，吕振羽的簡明中國通史、范文瀾的中國通史簡編和翦伯贊的中國史綱都是這一時期的通史名作。吕振羽於一九四一年出版簡明中國通史上册，如同其出版序言所説，該書「與從來的中國通史著作頗不同」，這種「頗不同」主要表現在它「把中國歷史作爲一個發展過程在把握」，「還盡可能照顧到中國各民族的歷史及其相互關係」。一九四八年出版下册，在跋語中作者申明該書的基本精神是「把人民歷史的面貌復現出來」。范文瀾於一九四二年出版了中國通史簡編，該書的基本精神旨在將歷史研究與中華民族的前途相結合，如同作者在上册序言中所説的，「我們要瞭解整個人類社會的前途，我們必須瞭解人類社會過去的歷史；我們要瞭解中華民族的前途，我們必須瞭解中華民族過去的歷史」。這也正是中國通史簡編撰寫的初衷。本着這樣一個目的，該書的編寫運用馬克思主義觀點，肯定勞動人民的歷史作用，重視探尋社會發展的規律，注意分析階級鬥争的本質，積極反映生産鬥争的面貌。翦伯贊於一九四三年和一九四六年分别出版了中國史綱第一、二册，該書運用馬克思主義觀點，剖析了商周社會性質以及戰國秦漢社會性質的轉變，注意將中國歷史置於世界歷史的大背景下進行考察，在研究方法上重視以考古材料與文獻資料相結合。

其三是思想史研究，代表史家有吕振羽、何幹之、侯外廬等人。吕振羽於一九三七年出版了中國政治思想史，這是我國第一部運用馬克思主義理論論述中國政治思想的著作。撰述的初衷，是針對陶希聖的同名著述，可以被視爲社會史論戰的延伸。作者解釋所謂的政治思想史，「本質上係同於社會思想史」。全書按社會性質及其發展階段，對上自商朝下至鴉片戰爭前的中國政治思想史作了係統論述。何幹之於一九三七年出版了近代中國啓蒙運動史，該書重視將思想運動和社會的經濟結構、政治形態聯係在一起來進行研究，肯定評價各種思想文化必須運用「歷史的眼光」，把思想文化放在特定的歷史環境中進行考察、分析和評價。侯外廬關於思想史的研究建樹最多，他於一九四四年出版了中國古代思想學説史，具體探討了歷史演進與思想發展、新舊範疇與思想變革、思想發展過程與時代個別學説、學派同化與學派批判、學説理想與思想術語、現實與遠景等等的關係，見解深刻；一九四五年出版了中國近世思想學説史，這是一部論述十七世紀至二十世紀中國思想學説發展史的著作，以十七世紀爲啓蒙思想期、十八世紀爲漢學運動期、十九世紀以後爲西學東漸期做劃分；一九四七年主持編寫出版了中國思想通史第一卷，該書編寫的主旨思想，作者在出版序中説，是「特在於闡明社會進化與思想變革的相应推移，人类新生與意識潛移的聯係」。

如果説五四運動以來至抗戰以前的中國馬克思主義史學的傳播主要還只是李大釗、郭沫若等少數人的努力的話，那麽隨着抗日戰爭爆發，這樣的局面得到了很大的改觀，馬克思主義史學在此後得到了迅速發展。隨着馬克思主義史學家們在史學研究各個領域的全面開展，并且取得了許多重要的研究成果，一種新的「革命史學」體係便逐漸建立起來了。這種「革命史學」爲抗日戰爭和全國解放戰爭的勝利做出了重要貢獻，成爲中國共産黨領導的中國革命事業的重要組成部分。

縱觀民國時期史學的發展，明顯呈現出以下特點：首先是階段性。民國史學如同民國社會一樣，處在不斷的嬗變當中，故而呈現出明顯的階段性特點。這種階段性，大致可以分爲民國建立前後從傳統史學向新史學的轉變，五四時期及此後新史學向考證史學（廣義而言考證史學也屬於新史學）的轉變，抗戰時期考證史學向經世史學的轉變，從抗戰到解放戰爭時期，馬克思主義革命史學迅速發展。

其次是經世性。民國史學的嬗變，呈現出階段性特點，又是與史學發揮其經世功能緊密相連的。五四新考證學派史學雖然標榜自己的學問「只當問真不真，不當問用不用」，其實他們的考證史學是與五四新文化運動提倡的科學精神分不開的。新考證史學雖然有傳承乾嘉治史方法的因素，更有學習西方，希望建立科學的史學的願望所在。正如顧頡剛所説的，「五四運動以後，西洋的科學的治史方法，才真正傳入，於是中國才有科學的史學可言」（注六）。這種科學的史學，與當時建立科學、民主的中國的社會訴求是相一致的，其實也是具有經世的内藴於其中的。抗戰時期，包括實證主義和馬克思主義等在内的史家都積極投身於宣傳民族文化當中，則是與當時的救亡圖存聯係在一起的，這種史學經世直面社會問題、直面民族危機，其方式當然更加直截了當。毫無疑問，民國史學在其不同階段，整體上都没有脱離經世的主旨，這也是中國史學的優良傳統。

再次是流派多。這一時期的史學流派可謂异彩紛呈，有新史學派、國粹派、新考證學派、馬克思主義學派等等。每一學派下面又可具體劃分出具有不同特點的派别，如新考證學派雖然都以考證見長，但他們的學術風格還是不盡相同的，據此又可細劃出以胡適爲代表的實證派、顧頡剛爲代表的古史辨派、傅斯年爲代表的史料學派、王國維爲代表的考古派等等。一些學者根據各自不同的標準，對民國史學流派作了不同的劃分，如有信古派、疑古派與釋古派之分，有傳統派、革新派與科學派之分，有考據學派、唯物史觀派和理學派之分，有掌故派、社會學派之分，如此等等，不一而足。

總體來看，民國史學影響最大者，莫過於新考證學派和馬克思主義學派，抗戰以前以新考證學派最盛，抗戰以後馬克思主義學派得到迅速發展。這些史學流派的史學理論與方法，迄今依然成爲我們歷史研究的重要範式。

近代名家散佚學術著作叢刊選取了一九四九年以後未再出版的十六部民國時期的史學著作進行重刊，它們分別是朱謙之的扶桑國考證、魏應麒的中國史學史、衛聚賢的中國考古小史、陳伯瀛的中國田制叢考、謝國楨的清初流人開發東北史、張鵬一的唐代日人來往長安考、鍾歆的揚子江水利考、梁盛志的漢學東漸叢考、顧頡剛、楊尚奎的三皇考、陶棟的歷代建元考、陳述的契丹史論證稿、陳寶泉的中國近代學制變遷史、陳里特的中國海外移民史、鄭鶴聲的史漢研究、章中如的清代考試制度資料和郭伯恭的永樂大典考。之所以重刊這批史學著作，是看到了它們在今天依然有其學術價值所在。作爲一份豐厚的史學遺産，值得我們去加以發掘和繼承。

從所選十六部史學作品來看，明顯打上了民國史學的時代烙印，體現了民國史學的時代特徵。首先，研究内容涉獵廣博。涉獵廣博，是民國史學的基本特點，反映了民國史家學術視野的開闊。選擇重刊的雖然只有十六部史著，涵蓋面卻非常廣博，有史學史方面的，如中國史學史、史漢研究；有學術史方面的，如漢學東漸叢考、永樂大典考；有教育史方面的，如中國近代學制變遷史、清代考試制度資料；有經濟史方面的，如中國田制叢考、揚子江水利考、清初流人開發東北史；有考古史方面的，如中國考古小史；有民族史方面的，如契丹史論證稿；有中外交往史方面的，如扶桑國考證、唐代日人來往長安考、中國海外移民史；還有名號、年號史方面的，如三皇考、歷代建元考等。這樣的全方位的歷史研究，是民國史學的一個縮影。

其次，治學方法重視考證。重視考證，是民國史學的顯著特點。在十六部史著中，除去魏應麒的中國史學史、衛聚賢的中國考古小史、陳寶泉的中國近代學制變遷史、陳里特的中國海外移民史、鄭鶴聲的史漢研究和章中如的清代考試制度資料等六部外，其他十部都是考史著作。涉及的考證領域很廣，有國名、田制、開發、交通、水利、學術、名號和學制等等。在具體考證上，重視方法的運用。如朱謙之的扶桑國考證，按照作者自己在自序中所説，該書是「從文獻學、民俗學、考古學三方面的史料搜集和批評的結果」，這裏既是講史料搜集問題，也是講歷史考證方法。又如陳伯瀛的中國田制叢考，作者也在自序中交代了其作史、考史方法：首在網羅放失，整輯舊聞；次在探究原本；三則覆核名實；四則辨正事蹟；五則鑒古度今。可見該書對廣占資料、辨證核實的重視。

再次，治學宗旨强調致用。經世致用，是民國史學的重要特點，抗戰以後的史學表現尤其突出。所選十六部史著，也體現了重視經世致用的特點。如陳伯瀛之所以要撰述中國田制叢考，按照作者的解説，是因爲田制與農人、社會和國家休戚相關。該書「敍引」就説，田制影響農人生計，農人生計又會影響到社會秩序與和平。又如鍾歆的揚子江水利考，作者在該書「敍言」中論述了撰述該書的原因：一方面民國以前揚子江鮮有水患，所以過去這方面的論著很少；另一方面民國以來的數十年間，揚子江水患頻發，國家需要計劃治理，而治理水災，就必須要先瞭解水文歷史。很顯然，該書是爲了治理揚子江水患的需要而撰寫的，經世意圖非常明顯。再如陳寶泉作中國近代學制變遷史，其實是蘊含了作者教育救國的思想於其中的。在該書自序中，作者明確指出學制與人才問題關係到國家興亡的根本。他有感於當時各國教育制度的日新月異，而中國卻没有關於教育制度的專書作比較，致使切合國情的新的教育一時無由發現。他撰寫該書的目的，便是希望通過總結近代中國學制的變遷，找尋出一種更加適合當時中國需要的新的學制。

最後，歷史見解精辟獨到。如朱謙之扶桑國考證考證扶桑國爲何處，這是對當時世界史學界討論的一個熱點問題的積極回應。自從一七六一年法國人歧尼（De Guignes）發表中國人之美洲海岸航行及住居亞洲遠東之幾個民族的研究，提出扶桑爲美洲墨西哥説以來，引起了世界史學界的長期大討論，基本觀點無非有肯定與否定兩種，否定中又有扶桑國爲日本和樺太的不同説法。朱謙之依據文獻、民俗和考古資料，比較了世界史學界諸説的異同和存在的問題，得出了扶桑即美洲墨西哥的結論，不但駁斥了扶桑非美洲説的觀點，而且對美洲説也作了補充論證，更有説服力。又如魏應麒的中國史學史的問世，按照作者的説法，是「前無作者」的史著，卻表現得非常成熟。該書對中國史學的特質與價值、史籍的位置與類别、史館建置與職守、史學發展之情形、史書體裁之發展、史學理論與方法之運用等等，都提出了自己的見解，即使在今天，也不失爲有創見的反映中國史學史的著作。又如顧頡剛、楊尚奎的三皇考，這是民國考證派史學的代表作之一。在該書中，作者對「皇」、「三皇」、「太一」等相關概念作了係統闡釋，對三皇説與太一説的消長及其相互關係進行了論述，對與三皇相關的伏羲、盤古、女媧等古聖王的地位變化作了考察，對三皇、太一在道教中的地位作了説明，對歷史上關於三皇的信仰與祭祀情況作了梳理，并且旁及河圖洛書、三墳五典等等内容。這樣一個係統的考察，旨在論證「三皇」傳説只是托古改制的産物，認爲民族自信力應該建立在理性上，而不是虚假的三皇上。書中闡發的觀點，在當時史學界有很大的影響。應該説所選十六部史著，都是作者的心得之作，這裏不一一贅言。

挖掘、清理和總結民國史學，對於我們全面認識和係統借鑒民國史學，推動新時期中國史學與史學思想的發展是很有裨益的。借此對主持重刊工作的山西人民出版社表達一個史學工作者的由衷敬意！

二〇一四年五月於北京師大京師園

注一　當代中國史學，遼寧教育出版社一九九八年版，第一百五十三頁

注二　史料論略及其他，遼寧教育出版社一九九七年版，第二百頁

注三　禹貢四卷十期，禹貢學會募集基金啓事

注四　陳智超陳垣來往書信集，上海古籍出版社一九九〇年版，第二百一十六頁

注五　國史大綱，商務印書館一九九四年版，第十一頁

注六　當代中國史學，遼寧教育出版社一九九八年版，第二頁

作者簡介

鄭鶴聲（一九〇一年—一九八九年），歷史學家、文獻學家。原名松表，字萼蓀，號鶴皋，後改號萼蓀。生平研究範圍涉及清史、中華民國史、中國近代史、中國史學史、中國文獻學、海外關係與中西交通問題、中國文化問題、中國民族問題等方面，有專著二十多部，論文一六〇多篇，尤以中國近代史、中西交通史和中國史學史成就最大。

緒言

馬記班書，久爲學者所稱道傳習，故史漢之學，在中國已釐然有系統可尋。隋書經籍志「世有著述，皆擬馬班，以爲正史作者尤廣。一代之史義數十家，唯史記漢書，師法相傳，並有解釋。」（史部正史敍）崇文總目：「自司馬氏上採黃帝迄於漢武，始成史記之一家。由漢以來千有餘歲，其君臣善惡之迹，史氏詳焉。」（歐陽文忠公集）國史經籍志：「漢興，馬記班書始變編年之體，後之爲史者祖之。」（正史敍）則馬班之書，同爲後學者所崇奉，蓋可知矣。

然則何爲而受人之崇奉如是耶？則其體制有勝於其餘諸史也。皇甫湜曰：「古史編年，至漢司馬遷始更其制而爲紀傳，相承至今，無以移之。編年紀事，束於次第，牽於混并，舉其大綱，而簡於敍事，是以多闕載，多逸文。乃別爲著錄，以備書之語言，而盡事之本末。故春秋之外則有尙書，左傳之外，又爲國語，可復自左史於右，合外傳於內哉？合之則繁，離之則異，削之則闕。子長病其然也，於是革舊典，開新程，爲紀爲傳，爲表爲志，首尾具敍述，表裏相發明，庶爲得中將以垂不朽。自漢迄今，代已更八年，幾歷千，其間賢人摩肩，史臣繼踵，榷古今之得失，論述作之利病，各耀聞見，競誇才能。莫能致其規模，殊其體統，傳而相授，奉以遵行，而編年之史遂廢，蓋有以也。」（持正文集紀傳編年論）晁公武曰：「編年紀傳，各有所長，而人皆以紀傳便於披閱，獨行於世，號為正史。」（郡齋讀書志史部敍）章學誠曰：「編年之書出於春秋，本正史也。乃班馬之學盛，而史志著錄，皆不以編年為正史。」（章氏遺書補史考釋例）然則紀傳之勝於編年，實因紀傳體例錯綜，包羅宏富，不如編年體之單純故也。

然編年一體，學者亦有目之為正史者。明史藝文志包紀傳編年於正史。四庫總目：「司馬遷改編年為紀傳，荀悅又改紀傳為編年，劉知幾深通史法，而史通分敍六家，統歸二體，則紀傳編年，均正史也。其不列為正史者，以班馬舊裁，歷朝繼作，編年一體，則或有或無，不能使時代相續。故姑置焉，無他義也。」（史部編年敍）章學誠曰：「隋志以紀傳為正史，而編年則稱為古史，其實馬班皆法春秋，命其本紀謂之春秋考紀，而著錄家未之察也。唐志知編年之體之本為正也，唐志以紀傳為正史，而直以編年為編年，乃是別出編年，為非正史矣。是以宋人論史，乃惜孫盛習鑿齒之倫不爲正史，幾於名實爲倒置也。」（史考釋例）又曰：「自隋經籍志著錄，以紀傳爲正史，編年爲古史，歷代依之，遂分正附，莫不甲紀傳而乙編年。則班馬之史，以支子而嗣春秋，荀悅袁宏，且以左氏大宗而降爲旁庶矣。」（文史通義書教下）故章氏爲史籍考，卽以紀傳與編年並列，而總冠之曰正史，以示平等。然編年究屬紀傳中本紀一類，不足以包括書表志傳也。若其餘雜史諸體，則更自鄶以下矣。隋志所謂：「雜史屬事，皆不與春秋史記漢書相似，蓋率爾而作，非史策之正。」（隋志雜史敍）者是也。

「史漢之學」，自漢魏以後，卽爲專門傳習，而漢書尤盛。隋書經籍志：「三國志及范曄後漢雖有音注，既近世之作，並讀之可知。梁時明漢書有劉顯韋稜，陳時有姚察，隋代有包愷蕭該，並爲名家，史記傳者甚微。」（正史敍）劉知幾曰：「漢書始自漢末，迄乎陳世，爲其注解者凡二十五家，至於專門受業，遂與五經相亞。」（史通正史）自唐以前，通行人間者，惟馬班范之史記前後漢三史而已，其次則三國志，所謂「漢四史」也，而唐人并以「三史」爲一科，以此科應舉得第者頗多，見唐書選舉志及各傳。蓋三史者，史家之眉目也。茲就史漢兩家學者，略舉如次：

(1)褚少孫　史記龜策傳：褚先生曰：臣以通經術受業博士，以高第爲郎，幸得出入宮殿中十有餘年，竊好太史公傳。史記孝武紀注：韋稜曰：褚顗家傳云，少孫宣帝時爲博士，事大儒王式，故號爲先生。續太史公書。

(2)楊惲　漢書楊敞傳：敞子忠，忠弟惲。惲母，司馬遷女也。惲始讀外祖太史公記，頗爲春秋。以材能稱，好交英俊諸儒，名顯朝廷。

(3)馮商　漢書藝文志：馮商續太史公七篇。韋昭曰：馮商受詔續太史公十餘篇，在班彪別錄。商字子高。師古曰：七略云，商與孟柳俱待詔，頗序列傳，未卒。

(4)楊終　後漢書楊終傳：終拜校書郎，受詔刪太史公書爲十餘萬言。

(5)馬續　後漢書馬援傳：援兄子嚴，嚴七子，惟續融知名。續字季則，博觀羣籍，九章算術。又天文志：孝明帝使班固敍漢書，而馬續述天文志。王訓故：順帝時，漢書始出，多未能通，馬融從班昭受讀，後詔融兄續繼昭成之。

(6)班昭　後漢書列女傳：扶風曹世叔妻者，同郡班彪之女也。名昭，字惠班，一名姬。博學高才。世叔早卒，有節行法度。兄固著漢書，其八表及天文志未及竟而卒。和帝詔昭就東觀藏書閣踵而成之。時漢書始出，多未能通者，同郡馬融伏於閣下，從昭受讀。後又詔融兄續繼昭成之。

(7)張裔　三國志蜀志張裔傳：裔字君嗣，蜀郡成都人也。詔公羊春秋，博涉史漢。汝南許文休入蜀，謂裔幹理敏捷，是中夏鍾元常之倫也。

(8)戴邈　晉書戴邈傳：邈字望之，少好學，尤精漢史。

(9)蔡謨　晉書蔡謨傳：謨博學，於禮儀宗廟制度多所議定，文章論議，有集行於世。總應劭以來注班固漢書者，爲之集解。

(10)劉殷兩子　晉書孝友傳：劉殷有七子，五子各授一經，一子授太史公，一子授漢書，一門之內七業俱興，北州之學，殷門爲盛。

(11)裴駰　宋書裴松之傳：松之子駰，南中郎參軍，注司馬遷史記，行於世。

(12)崔慰祖　南齊書文學傳：崔慰祖與從弟緯書云，常欲更注遷固二史，採史漢所漏二百餘事，在廚簏，可檢寫之，以存大意。

(13)韋稜　梁書韋叡傳：叡子稜，性恬素，以書史爲業，博物彊記。當世之士，咸就質疑。起家安成王府行參軍。著漢書續訓三卷。

(14)臧嚴　梁書文學傳：臧嚴孤貧勤學，行止書卷不離於手，於學多所諳記，尤精漢書。

(15)陸雲公　梁書文學傳：陸雲公字子龍，九歲讀漢書，略能記憶，從祖倕，沛國劉顯質問十事，雲公對無所失，顯嘆異之。

(16)劉顯　顏氏家訓：沛國劉顯，博覽經籍，偏精班漢，梁代謂之漢聖。顯子臻，不墜家業。

(17)陸倕　蘇州府志：陸倕少勤學，所讀一偏必誦於口。嘗借人漢書，失五行志四卷，乃暗寫還之，略無遺脫。昭明太子愛賢好士，倕與殷芸等同見禮於樂賢堂。

（18）韋載　陳書韋載傳：載少聰慧，篤志好學，年十二，隨叔父稜見沛國劉顯。顯問漢書十事，載隨問應答，曾無疑滯。及長，博涉文史，沉敏有局器。

（19）姚察　陳書姚察傳：太建初，補宣明殿學士，除散騎侍郎，左通直，尋兼通直散騎常侍，報聘於周，江左耆舊先在關右者，咸相傾慕。沛國劉臻竊於公館訪漢書疑事十餘條，並爲剖析，皆有經據。臻謂所親曰：名下定無虛士。所著漢書三十卷行於世。

（20）楊汪　隋書楊汪傳：折節勤學，專精左氏傳。其後問禮於沈重，受漢書於劉臻，二人推許之曰，吾弗如也。由是知名。

（21）蕭該　隋書儒林傳：蕭該性篤學，詩書春秋禮記，並通大義，尤精漢書。甚爲貴游所禮。後撰漢書及文選音義，咸爲當時所貴。

（22）包愷　隋書儒林傳：包愷從王仲通受史記，漢書尤稱精究。大業中，爲國子助教，於時漢書學者，以蕭包二人爲宗匠。聚徒教授，著錄者數千人。

（23）李密　隋書李密傳：密父寬，柱國蒲山郡公，號爲名將。密師事國子助教包愷，受史記漢書，勵精忘倦，愷門徒皆出其下。

（24）劉臻　隋書文學傳：劉臻精於漢書，時人稱爲漢聖。

（25）姚思廉　唐書姚思廉傳：思廉，陳吏部尚書察之子，少受漢書於察，盡傳其業，寡嗜欲，惟一於學。

（26）姚班　唐書姚班傳：曾祖察嘗撰漢書訓纂，而後之注漢書者，多竊取其義爲己說，班著紹訓以發明舊義云。

（27）王綝　唐書王綝傳：綝字方慶，以字顯，起越王府參軍，受司馬遷班固二史於記室任希古，希古它遷，就卒其業。

（28）郄士美　唐書郄士美傳：父純，字高卿，舉進士，拔萃制策皆高第。士美年十二，通五經史記漢書，皆能成誦。父友蕭穎士顏眞卿柳芳相與論繹，嘗曰吾曹異日當交二郄之間矣。

（29）陸士季　唐書孝友傳：陸南金祖士季，從同郡顧野王學左氏春秋，司馬史，班氏漢書。仕隋爲越王侗記室，兼侍讀。貞觀初，學士。

(30)顏師古　唐書儒學傳：顏師古字籀，爲太子承乾注班固漢書，上之，賜物二百段，良馬一。時人謂杜征南顏祕書爲左邱明班孟堅忠臣，其所注漢書，大顯於時。

(31)顏遊秦　唐書儒學傳：師古叔遊秦，武德初，累遷廣州刺史，封臨沂縣男。撰漢書決疑，師古多資取其義。

(32)敬播　唐書儒學傳：敬播遷著作郎，房元齡患顏師古注漢書文繁，令播撮其要，爲四十篇。是時「漢書學」大興，其章章者，若劉伯莊秦景通兄弟，劉訥言，皆名家。

(33)劉伯莊　唐書儒學傳：劉伯莊者，彭城人，爲弘文館學士，遷國子博士，與許敬宗等論撰甚多。舊唐書劉伯莊傳：龍朔中，兼授崇賢館學士，撰史記音義，史記地名，漢書音義各二十卷，行於世。

(34)秦景通兄弟　唐書儒學傳：秦景通，晉陵人，與弟暐俱有名，皆精漢書，號大秦君，小秦君。當時治漢書非其授者，以爲無法云。

(35)劉訥言　唐書儒學傳：劉訥言乾封中歷都水監主簿，以漢書授沛王，王爲太子，擢訥言洗馬兼侍讀。

(36)李德裕　舊唐書李德裕傳：幼有壯志，力學，尤精西漢書。

(37)李元植　舊唐書儒學傳：趙州李元植受三禮於賈公彥，博涉漢史及老莊諸子之說。

(38)高子貢　舊唐書儒學傳：高子貢弱冠遊太學，徧涉六經，尤精史記。

(39)王洙　宋史王洙傳：洙爲國子監說書，改直講，校史記漢書。

(40)劉攽　宋史劉敞傳：敞弟攽，所著書百卷，尤邃史學，作兩漢刊誤，爲人所稱。司馬光修資治通鑑，專職漢史。

(41)劉奉世　宋史劉敞傳：敞子奉世，字仲馮，歷端明殿學士，文詞雅贍，最精「漢書學」。

(42)余靖　宋史余靖傳：靖舉進士，歷祕書丞，建言班固漢書舛謬，與王洙幷校司馬遷范曄二史書，奏擢集賢校理。

(43)陳繹　宋史陳繹傳：繹中進士第，爲館閣校勘集賢校理，刊定前漢書，居母喪，詔即家讎校。

(44)婁機　宋史婁機傳以資政殿學士知福州，力辭以歸，所著復有班馬字類，人多藏庋焉。

(45)蕭貢　金史蕭貢傳：貢好學，讀書至老不倦，有注史記一百卷。

以上略舉數人，史漢之學，魏晉爲盛，至唐而極矣。宋元以降，其流寖微。然則馬班之史，何爲而需傳習乎？章學誠曰：「夫馬班著史，等於伏孔傳經，大義微言，心傳口授，或欲藏之名山，傳之其人，或使大儒伏閣，受業於其女弟。豈若後代紀傳，義盡於簡篇，文同於胥史，拘牽凡例，一覽無遺者耶？」（文史通義和州志列傳序上）又曰：「書之未成，必有所取材，如遷史之資於世本國策，固書之資於馮商劉歆是也。書之既成，必有其傳述，如楊惲之布遷書，馬融之受漢史是也。書既成家，必有其攻習，如徐廣崔駰之注馬，服虔應劭之釋班是也。此家學淵源之必待專篇列傳而明者也」（文史通義永清志列傳序例）又曰：「夫馬班之書，今人見之悉矣，而當日傳之必以其人，受讀必有所自者。古人專門之學，必有法外心傳，筆削之功所不及，則口授其徒而相與傳習其業，以垂永久也。遷書自裴駰為注，固書自應劭作解，其後為之注者猶若干家，則皆闡其家學者也。」（文史通義史注）是則馬史班書，系統昭然，亦可見矣。茲就其宋元以前重要注家，列表如次：

裴駰	史記集解八十卷（隋唐志著錄）
徐廣	史記音義十二卷（隋唐志著錄）
鄒誕生	史記音三卷（隋唐志著錄）
劉伯莊	史記音義二十卷（兩唐志著錄）
王元感	注史記一百三十卷（兩唐志著錄）
徐堅	注史記一百三十卷（兩唐志著錄）
李鎮	注史記一百三十卷　又義林二十卷（兩唐志著錄）

史記之部

陳伯宣　注史記一百三十卷（兩唐志著錄）
韓琬　續史記一百三十卷（兩唐志著錄）
司馬貞　史記索隱三十卷（兩唐志著錄）
張守節　史記正義三十卷（兩唐志著錄）
裴安時　史記纂訓二十卷（兩唐志著錄）
許子儒　注史記一百三十卷　又史記音三卷（鄭樵通志著錄）
姚寬　史記集解口口卷（王圻續文獻通考著錄）
趙瞻　史記抵牾論口口卷（王圻續文獻通考著錄）
蕭常　史記注一百卷（王圻續文獻通考著錄）
張洪　史記要記口口卷（王圻續文獻通考著錄）
應劭　漢書集解一百十五卷　又漢書集解音義二十四卷

史漢注家

服虔　漢書音訓一卷（隋唐志著錄）

韋昭　漢書音義七卷（隋唐志著錄）

孟康　漢書音義九卷（隋唐志著錄）

晉灼　漢書集注十四卷　又音義十七卷（隋唐志著錄）

崔浩　漢書音義二卷（唐志著錄）

孔文祥　漢書音義鈔二卷（唐志著錄）

劉嗣等　漢書音義二十六卷（唐志著錄）

夏侯泳　漢書音二卷（隋唐志著錄）

劉顯　漢書注二卷（隋唐志著錄）

劉孝標　漢書注一百四十卷（隋志著錄）

梁元帝　漢書注一百十五卷（隋志著錄）

漢書之部

蕭該　漢書音義十二卷（隋唐志著錄）

包愷　漢書音十二卷（隋唐志著錄）

項岱　漢書序傳八卷（隋唐志著錄）

劉寶　漢書駁議二卷（隋唐志著錄）

陸澄　漢書新注一卷（隋唐志著錄）

韋稜　漢書續訓三卷（隋唐志著錄）

姚察　漢書訓纂三十卷　又漢書集解一卷　又定漢書疑二卷（隋唐志著錄）

顏遊秦　漢書決疑十二卷（兩唐志著錄）

僧務靜　漢書正義三十卷（兩唐志著錄）

李喜　漢書辨感三十卷　又漢書正名氏義十二卷　又漢書英華八卷（兩唐志著錄）

姚挺　漢書紹訓四十卷（兩唐志著錄）

唐高宗郝處俊等　御銓定漢書八十七卷（兩唐志著錄）

顧引　漢書古今集義二十卷（兩唐志著錄）

顏師古　漢書注一百二十卷（兩唐志著錄）

劉伯莊　漢書音義二十卷（兩唐志著錄）

敬播　漢書注四十卷　又漢書音義十二卷（兩唐志著錄）

元懷景　漢書議苑□□卷（兩唐志著錄）

沈遵　漢書問答五卷（兩唐志著錄）

李善　漢書辨惑二十卷（兩唐志著錄）

趙抃　新校前漢書一百卷（宋志著錄）

余靖　漢書刊誤三十卷（宋志著錄）

張泌　漢書刊誤一卷（宋志著錄）

劉敞劉攽劉奉世　三劉漢書標注六卷（宋志著錄）
劉攽　漢書刊誤四卷（宋志著錄）
富弼　前漢書綱目一卷（宋志著錄）
劉巨容　漢書纂誤二卷（宋志著錄）
佚名氏　西漢刊誤一卷（宋志著錄）

以上所舉史漢家學，略已無遺，元明以下，發明實尠，不足觀矣。

余昔講學滇南，勸學者必讀正史。因取自史記迄明史，每史各撮其旨要，折衷昔賢議論，詳其本末，號爲「正史研究」，凡二十餘册。卷帙太繁，不及俱付排印。茲單就史漢兩史，刊布於世，而另名曰「史漢研究」云。

十九年三月，鄭鶴聲自識於教育部。

史漢研究

目次

史漢研究

第一　史記

傳略

司馬氏祖先　司馬氏之先，蓋出於重黎之後。昔在顓頊，命南正重以司天，北正黎以司地。唐虞之際，紹重黎之後，使復典之，至於夏商。故重黎氏世序天地，其在周，程伯休父其後也。當周宣王時，失其守而爲司馬氏。司馬氏世典周史。惠襄之間，司馬氏去周適晉，晉中軍隨會奔秦，而司馬氏入少梁。自司馬氏去周適晉，分散，或在衞，或在趙，或在秦。其在衞者，相中山，在趙者，以傳劍論顯，蒯聵其後也。在秦者，名錯，與張儀爭論，於是惠王使錯將伐蜀，遂拔而守之。錯孫靳，事武安君白起，而少梁更名曰夏陽。靳與武安君阬趙長平軍，還而與之俱賜死杜郵，葬於華池。靳孫昌，昌爲秦主鐵官，當始皇之時，蒯聵元孫卬爲武信君將而徇朝歌，諸侯之相王，王卬於殷，漢之伐楚，卬歸漢，以其地爲河內郡。昌生無澤，無澤爲漢市長，無澤生喜，喜爲五大夫，卒，皆葬高門。喜生談，談爲太史公，太史公學天官於唐都，受易於楊何，習道論於黃子。太史公仕建元元封之間，（元前一四〇——一一〇年）愍學者之不達其意而師悖，乃論六家之要指。太史公旣掌天官，不治民，有子曰遷，（史記太史公自序）卽子長也。重黎卽古史官之流，世業相傳，歷千餘年，司馬氏者，可謂我國有史可考首出之史官世家者矣。

司馬氏世系表

唐虞……周……晉
- 衛——司馬喜（相中山）
- 趙——司馬凱……蒯聵……卬
- 秦——司馬錯（秦將）……靳（事白起）……昌（秦鐵官）……無澤（漢市長）……喜（五大夫）……談（太史公）……遷

生平事蹟

司馬遷，字子長，（揚雄法言、王充論衡）漢左馮翊夏陽人，卽今陝西韓城縣。

其生平行蹟，自生長，耕牧，讀書，遊歷，奉使，爲太史令，造曆，作史記，諸事，皆見其自序中。自謂生龍門，耕牧河山之陽。年十歲則誦古文。二十而南游江淮，上會稽，探禹穴，闚九疑，浮於沅湘，北涉汶泗，講業齊魯之都，觀孔子之遺風，鄉射鄒嶧，戹困鄱薛彭城，過梁楚以歸。於是仕爲郎中，奉使西征巴蜀以南，略卭筰昆明，還報命。是歲天子始建漢家之封，而太史公留滯周南，不得與從事，故發憤且卒。適使返，見父於河洛之間。卒三歲，爲太史令，紬史記石室金匱之書。五年而當太初元年（元前一〇四）十一月甲子朔旦冬至，天歷始改，建於明堂，諸神受記。於是論次其文。七年，遭李陵之禍，幽於縲紲，身毀不用矣，故述往事，思來者，於是卒述陶唐以來，至於麟止，自黃帝始。（史記太史公自序）蓋遷生平事績，約可分爲三期，幼而學，壯而游，晚而著述自娛。班固謂遷既被刑之後，爲中書令，尊寵任職。死後其書稍出。宣帝時，（元前七三——四七）遷外孫平通侯楊惲祖述其書，遂宣布焉。至王莽時，（元後九——二三）求封遷後爲史通子。（漢書司馬遷傳）然生卒年月，絕不可考。王鳴盛始以其行事推之，謂：生在漢景帝中，卒於昭帝初。（十七史商榷）即西元前一四九至八七年間，約六十餘歲云。王國維謂：生景帝中五年（元前一四五）其卒年絕無可考。惟據漢書宣帝紀載武帝後元二年，遣使盡殺長安獄四，內謁者令郭穰夜至郡邸獄云云。案續漢書百官志知內謁者令即中書謁者令，亦即中書令。然則其時遷已不在中書，計當前卒矣。大約遷之年代，與武帝相終始也。（太史公繫年考略詳見拙著司馬遷年譜）

環境與著述　遷之年代，後左丘約四百年，此四百年間之中國社會，譬之於水，其猶經百川競流波瀾壯闊以後，乃匯為湖泊，恬波不揚。民族則由分展而趨統一。政治則革閥閱而歸獨裁。學術則倦貢新而思竺舊。而遷之史記，則作於其間。遷之先，既世為史官，遷襲父談業，為漢太史，其學蓋有所受。遷之自言曰，余所謂述故事整理其世傳，非所謂作也。（中國歷史研究法）其實遷之作史，雖有借助於社會政治方面，而襲父為史官，乃為根本要點。當漢之初，非史官不得著史，即能私著，取材尤艱，決不能為此偉大著作。知幾論史，嘗羨遷得時之隆，一則曰：古之國史，皆出自一家，如魯漢之丘明子長，晉齊之董狐南史，咸能立言不朽，藏諸名山。再則曰：前漢郡國計書，先上太史，副上丞相，由是史官所修，載事為博。三則曰：古者刊定一史，纂成一家，體統各殊，指歸咸別，史記則退處士而進姦雄，漢書則抑忠臣而飾主闕。斯並曩時得失之列，良史是非之述。（俱史通忤時）蓋能出自一家，則著述有主，而無闕筆相視，含毫不斷之蔽。載筆爲博，則無煩採詢，而免視聽不該，簿籍難見之蔽。指歸咸別，則體統自殊，而無其令難行，適從何在之蔽。加之世爲史官，淵源深遠，幾何不成其爲傑出之書乎。

雖然，得時隆矣，苟作者無高超之才，卓越之識，則又烏能執筆而爲之乎。遷之才，良史之才也。然其所以得成此良史者，蓋有三因，一曰游歷，二曰全孝，三曰孤憤是也。

遷好游歷，足跡徧天下，其所經行之地，見於本書者，如至空同，過涿鹿，東漸於海，南浮江淮，（史記五帝本紀）登廬山，觀九江，至會稽大湟，上姑蘇，望五湖，闚洛汭大邳，迎河，行淮泗濟漯洛渠，瞻岷山及離碓，自龍門至朔方。（河渠書）適齊，自泰山屬琅邪，北被於海。（齊太公世家）適故大梁之墟。（魏世家）適魯，觀仲尼廟堂。（孔子世家）登箕山，觀許由冢。（伯夷列傳）過薛，觀其閭里。（孟嘗君列傳）過大梁之墟，求問夷門。（信陵君列傳）適楚，觀春申君故城宮室。（春申君列傳）適長沙，觀屈原所自沈淵。（屈原賈生列傳）適北邊，觀蒙恬爲秦築長城亭障。（蒙恬列傳）如淮陰，視漂母冢。（淮陰侯列傳）適豐沛，觀故蕭曹樊噲滕公之冢。（樊酈滕灌列傳）南游江淮，上會稽，探禹穴，闚九疑，浮沅湘，涉汶泗，講業齊魯之都，觀孔子之遺風，鄉射鄒嶧，戹困鄱薛彭城，過梁楚，奉使西征巴蜀以南，略筇笮昆明；（太史公自序）等吾儕試取一地圖，按今地施朱線以考遷游踪，則知當時全漢版圖除朝鮮河西嶺南諸新開郡外，所歷殆徧矣。遷之史學，皆取諸親自見聞者爲多，故其紀錄翔實，無嚮壁虛造之蔽。顧炎武謂秦楚之際，兵所出入之途，曲折變化，惟太史公序之，如指掌。蓋自古史書兵事地形之詳，未有過此者。太史公胸中固有一天下大勢，非後代書生之所能幾。（日知錄）蓋深得力於游歷之助。蘇轍謂太史公行天下，周覽四海名山大川，與燕趙間豪俊交遊，故其文疏蕩，頗有奇氣。（上樞密韓太尉書）殆其小焉者耳。

遷承父志，殫心著撰，以全孝也。其自序言之甚詳。其述父之顧命曰：太史公發憤且卒，執遷手而泣曰，予先周室之太史也，自上世嘗顯功名虞夏，典天官事，後世中衰，絕於予乎。女復爲太史，則續吾祖矣。今天子接千歲之統，封泰山，而予不得從行，是命也夫，命也夫。予死，爾必爲太史，爲太史，毋忘吾所欲論著矣。且夫孝始於事親，中於事君，終於立身，揚名於後世，以顯父母，此孝之大也。自獲麟以來四百有餘歲，而諸侯相兼，史記放絕。今漢興海內一統。明主賢君忠臣義士，予爲太史而不論載，廢天下之文，予甚懼焉，爾其念哉。遷俯首流涕曰，小子不敏，請悉論先人所次舊聞，不敢闕。（太史公自序）此等遺屬，最足動人子之心情，沒齒不能忘者也。故遷撰史記一書，常以其父之言爲懷。如曰：太史公曰，先人有言，自周公卒五百歲而有孔子，孔子至於今五百歲，有能紹而明之，正易傳，繼春秋，本詩書禮樂之際，意在斯乎，意在斯乎，小子何敢讓焉。又曰：余聞之先人曰，伏羲至純厚，作易八卦，堯舜之盛，尚書載之，禮樂作焉，湯武之隆，詩人歌之，春秋采善貶惡，推三代之德，褒周室，非獨刺譏而已也。漢興以來，至明天子，獲符瑞，封禪，改正朔，易服色，受命於穆清。海外殊俗，重譯款塞，請求獻見者，不可勝道。臣下百官，力誦聖德，猶不能盡宣其意。且士賢能矣，而不用，有國者恥也，主上明聖，德不布聞，有司之過也。且余掌其官，廢明聖盛德不載，滅功臣賢大夫之業不述，墮先人所言，罪莫大焉。又曰：余維先人嘗掌斯事，顯於唐虞，至於周，復典之，故司馬氏世主天官，至於余乎，欽念哉，綱羅天下放散舊聞。此皆足表其撰述之意，爲全孝志，故壺遂以爲紹春秋而作，而遷則曰唯唯否否，不然，而君比之春秋謬矣。（俱見太史公自序）

夫爭學苟且務相推避，坐變炎涼，徒延歲月，若能專司其事，則人思自勉，書可立成，固矣。然有意外之變，則雖能專其事，亦不免遷延者矣。而遷則自遭李陵之禍，益銳其著述之心，其報任少卿書云，僕雖怯耎欲苟活，亦頗識去就之分矣。何至自湛溺縲紲之辱哉。且夫臧獲婢妾，猶能引決，況若僕之不得已乎。所以隱忍苟活，函糞土之中而不辭者，恨私心有所不盡，鄙沒世而文采不表於後也。蓋西伯拘而演周易；仲尼戹而作春秋；屈原放逐，乃賦離騷；左丘失明，厥有國語；孫子臏脚，兵法修列；不韋遷蜀，世傳呂覽；韓非囚秦，說難孤憤；詩三百篇，大氐聖賢發憤之所作也。此人皆意有所鬱結，不得通其道，故述往事，思來者。及如左丘明無目，孫子斷足，終不可用，退論書策，以舒其憤，思垂空文以自見。僕竊不遜，近自托於無能之辭，網羅天下放散舊聞，考之行事，稽其成敗興壞之理，凡百三十篇。草創未就，適會此禍，惜其不成，是以就極刑而無慍色。僕誠已著此書，藏之名山，傳之其人，通邑大都，則僕償前辱之責，雖萬被戮，豈有悔哉。（依漢書司馬遷傳引）懷孤憤之情思，嘆世變之無常，而益促成其爲絕學焉。

組織

編次　晁公武曰：太史令司馬遷續其父談書，剏爲義例，起黃帝迄漢武獲麟之歲，撰成十二紀以序帝王，十年表以貫歲月，八書以紀政事，三十世家以敍公侯，七十列傳以志士庶，上下三千餘載，凡爲五十二萬六千五百言。（郡齋讀書志）案遷自述其編次云：略推三代，錄秦漢，上記軒轅，下至於茲，著十二本紀，既科條之矣。並時異世，年差不明，作十表。禮樂損益，律歷改易，兵權山川鬼神，天人之際，承敝通變，作八書。二十八宿環北辰，三十輻共一轂，運行無窮，輔拂股肱之臣配焉，忠信行道，以奉主上，作三十世家。扶義俶儻，不令己失時，立功名於天下，作七十列傳。凡百三十篇，五十二萬六千五百字，爲太史公書。（太史公自序）

本紀十二
年表十

史記編次——
- 八書八
- 世家三十
- 列傳七十

} 一百三十卷

本紀十二，自五帝本紀至孝武帝本紀，所謂上起軒轅，下暨天漢是也。其三皇本紀，附於卷末，則唐司馬貞所補。

本紀目次——

本紀第一	五帝	卷一
本紀第二	夏	卷二
本紀第三	殷	卷三
本紀第四	周	卷四
本紀第五	秦昭襄王 莊襄王——	卷五
本第紀六	秦始皇帝 二世皇帝	卷六

本紀第七……………………………………………………卷七	項羽
本紀第八……………………………………………………卷八	漢高祖
本紀第九……………………………………………………卷九	呂太后
本紀第十……………………………………………………卷十	孝文帝
本紀第十一…………………………………………………卷十一	孝景帝
本紀第十二…………………………………………………卷十二	孝武帝

年表十,自三代世系至漢興以來將相名臣年表,然其間亦有「世表」「月表」之別。

年表第一……………………………………………………卷十三	三代世表
年表第二……………………………………………………卷十四	十二諸侯
年表第三……………………………………………………卷十五	六國
年表第四……………………………………………………卷十六	秦楚之際月表
年表第五……………………………………………………卷十七	漢興以來諸侯

年表目次—一

第一 史記

二

八書自禮書至平準書。論者謂世本作篇記占驗，飲食，禮樂，兵農，車服，圖畫，器用，藝術之原，卽太史公八書所本，後世諸志之祖。（史目表）

八書目次

八書第六……封禪……卷二十八

八書第七……河渠……卷二十九

八書第八……平準……卷三十

世家三十，自吳太伯世家至三王世家，約舉如次。世家第一（吳太伯）二（齊太公）三（魯周公）四（燕召公）五（管蔡）六（陳杞）七（衛康叔）八（宋微子）九（晉）十（楚）十一（越王句踐）十二（鄭）十三（趙）十四（魏）十五（韓）十六（田敬仲完）十七（孔子）十八（陳涉）十九（外戚）二十（楚元王）二十一（荊燕）二十二（齊悼惠王）二十三（蕭相國）二十四（曹相國）二十五（留侯）二十六（陳丞相）二十七（絳侯）二十八（梁孝王）二十九（五宗）三十（三王）

世家第一至十六……吳太伯至田敬仲完……卷三一至四六

世家第十七至十八……孔子與陳涉……卷四七至四八

世家第十九……外戚……卷四十九

世家目次

列傳七十，自伯夷列傳至太史公自序，約舉如下。列傳第一（伯夷）二（管晏）三（㊀老子㊁莊子㊂申不害㊃韓非）四（司馬穰苴）五（㊀孫武㊁吳起）六（伍子胥）七（仲尼弟子）八（商君鞅）九（蘇秦）十（㊀張儀㊁陳軫㊂犀首）十一（㊀樗里子㊁甘茂㊂甘羅）十二（穰侯）十三（㊀白起㊁王翦）十四（㊀孟軻㊁淳于髡㊂愼到㊃騶奭㊄荀卿）十五（孟嘗君）十六（㊀平原君㊁虞卿）十七（信陵君）十八（春申君）十九（㊀范雎㊁蔡澤）二十（樂毅）二十一（㊀廉頗㊁藺相如㊂趙奢㊃李牧）二十二（田單）二十三（㊀魯仲連㊁鄒陽）二十四（㊀屈原㊁賈誼）二十五（呂不韋）二十六刺客（㊀曹沫㊁專諸㊂豫讓㊃聶政

㊄荆軻）二十七（李斯）二十八（蒙恬）二十九（㊀張耳㊁陳餘）三十（㊀魏豹㊁彭越）三十一（鯨布）三十二（淮陰侯）三十三（㊀韓王信㊁盧綰）三十四（㊀田儋㊁田橫）三十五（㊀樊噲㊁酈商㊂夏侯嬰㊃灌嬰）三十六（㊀張蒼㊁周昌㊂任敖㊃申屠嘉　附㊀韋賢㊁魏相㊂邴吉㊃黃霸㊄韋玄成㊅匡衡）三十七（㊀酈食其㊁陸賈㊂朱建）三十八（㊀傅寬㊁靳歙㊂周緤）三十九（㊀劉敬㊁叔孫通）四十（㊀季布㊁欒布）四十一（㊀袁盎㊁鼂錯）四十二（㊀張釋之㊁馮唐）四十三（㊀石奮㊁衞綰㊂直不疑㊃周文㊄張叔）四十四（田叔（子仁）附任安）　四十五（㊀扁鵲㊁倉公）四十六（吳王濞）四十七（㊀竇嬰㊁田蚡㊂灌夫）四十八（韓安國）四十九（李廣）五十（匈奴）五十一（㊀衞青㊁霍去病　附公孫賀等十六人）五十二（㊀公孫弘㊁主父偃）五十三（南越尉陀）五十四（東越）五十五（朝鮮）五十六（西南夷）五十七（司馬相如）五十八（㊀淮南厲王㊁淮南王安㊂衡山王）五十九循吏（㊀孫叔敖㊁子産㊂公儀休㊃石奢㊄李離）六十（㊀汲黯㊁鄭當時）六十一儒林（㊀申公㊁轅固生㊂韓生㊃伏勝㊄董仲舒㊅胡毋生）六十二酷吏（㊀郅都㊁寧

成㊂周陽由㊃趙禹㊄張湯㊅義縱㊆王溫舒㊇楊僕㊈減宣㊉杜周）六十三（大宛　附烏孫等五國）六十四游俠（㊀朱家㊁劇孟㊂郭解）六十五佞倖（㊀鄧通㊁韓嫣㊂李延年）六十六滑稽（㊀淳于髡㊁優孟㊂優旃　附㊀東方朔㊁東郭先生㊂王先生㊃西門豹）六十七日者（司馬季主）六十八龜策六十九貨殖（㊀范蠡㊁子貢㊂白圭㊃猗頓㊄卓氏㊅程鄭㊆宛孔氏㊇師史㊈任氏）七十太史公自序

列傳第一至二五……伯夷至呂不韋……卷六一至八五
列傳第二十六……刺客……卷八十六
列傳第二七至四九……李斯至李廣……卷八七至一零九
列傳第五十……匈奴……卷一百十
列傳第五一至五二……衞青至主父偃……卷一一一至一一二
列傳第五十三……南越……卷一百十三
列傳第五十四……東越……卷一百十四

列傳目次

以上諸目敍意，俱見太史公自序中。四庫全書考證云，監本作本紀卷一十二，年表卷一十，八書卷八世家卷二十，列傳卷七十。按十表中有世表有月表，今曰年表卷一十，其謬可知也。卷一十二卷一十，則是第十二卷第十卷也。八書卷八，更不可通。蓋坊賈所以傳謬至今者。且司馬遷報任安書云，爲十表本紀十二，書八，世家三十，列傳七十，更爲確據。

以司馬補史記條例　史記自魏晉以降，並無改塗，至唐司馬貞欲改定紀傳世家篇目，重爲之註。號小司馬史記。其序例云：貞業謝顓門，人非博古，而家傳是學，頗事討論。思欲續成先志，潤色舊史，輒黜陟陞降，改定篇目，其有不備，並採諸典籍，以補闕遺。其百三十篇之贊，既非周悉，並更申而述之，附於衆篇之末。雖曰狂簡，必有可觀，其所改更，具條於後。（又曰，先史之未備，成後學之深疑，借如本紀序五帝而闕三皇，世家載列國而有外戚，郳許春秋次國，略而不書，張吳敵國藩王，抑而不載，並編錄有闕，竊所未安。又列傳所著，有管晏及老子韓非，管晏乃齊之賢卿，即如其例，則吳之延陵，鄭之子產，晉之叔向，衞之史魚，盛德不闕，何爲盡闕。伯陽清虛爲敎，韓非峻刻制法，靜躁不同，德刑斯舛，今宜柱史共漆園同傳，公子與商君並列，可不善歟。）

太史公作史記，古今君臣，宜應上自開闢，下迄當代，以爲一家之首尾。今闕三皇而以五帝爲首者，正以大戴禮有五帝德篇，又帝系皆敍自黃帝以下，故因五帝本紀爲首。其實三皇已還，載籍罕備，然君臣之始，敎化之先，旣論古史，不合全闕。近代皇甫謐作帝王世紀，徐整作三五曆，皆論三皇以來事，斯亦近古之一證。今並採而集之，作三皇本紀。秦雖嬴政之祖，本西戎附庸之君，豈以諸侯之邦，而與五帝三王同稱本紀，斯必不可，降爲秦系家。項羽崛起，爭雄一朝，假號西楚，竟未踐天子之位，而身首別離，斯亦不可稱本紀，宜降爲系家。呂太后本以女主臨朝，自孝惠崩後，立少帝而始稱制，正附惠紀而論之，不者或別爲呂后本紀，豈得全沒孝惠而稱呂后本紀，今依班氏分爲二紀。

曹叔振鐸，亦姬姓之國，而文昭春秋之時，頗稱强國，其後數十代，豈可附管蔡亡國之末而沒其篇，今曹叔振鐸系家自爲一篇。許文叔太岳之胤，二邾曹姓之君，並通好諸侯，同盟大國，不宜全沒其事，亦可敍其本末，補許邾系家焉。孔子敎化之主，吾之師也，爲帝王之儀表，示人倫之準的，自子思已下，代有哲人，繼代象賢，誠可仰同列國，前史既定，各無間然。陳涉時因擾攘，起自匹夫，假托妖祥，一朝稱楚，歷年不永，勛業蔑如，繼之齊魯，曾何等級，可降爲列傳。張耳吳芮勢侔楚漢，位埒齊韓，俱懷從沛之心，咸享誓河之業，爵在列侯之上，家傳累代之基，長沙既曰令終，趙王亦謂善始，並可列同系家焉。吳濞淮南五宗之國，俱享大邦，雖復逆亂，心取汙朝典，豈可謂非靑社之國哉。然淮南猶有後不絕，衡山亦其罪蓋輕，比三卿之分晉，方暴秦之滅周，可不優乎。安得黜其王國，不止上同五宗三王，列於系家。其吳濞請與楚元王同爲一篇，淮南宜與齊悼惠王爲一篇，蕭相國，曹相國，留侯，絳侯，五宗，三王，右六篇請各爲一篇。

案史公有管晏列傳，其國僑羊舌肸等，亦古之賢大夫，合著在管晏之下，不宜散入循吏之篇。老子韓非二人，敎迹全乖，不宜同傳，先賢已有成說，今則不可依循，宜令老子，尹喜，莊周同爲傳。其韓非可居商君傳末。魯連屈原，當六國之時，賈誼鄒陽，在文景之日，事迹雖復相類，年代甚爲乖絕。其鄒陽不可上同魯連，賈生亦不可下同屈子，今抽魯連同田單爲傳。其屈原與宋玉等爲一傳，其鄒陽、枚乘、賈生等同傳。司馬相如汲鄭列傳，不宜在西南夷之下。大宛列傳宜在朝鮮之下，不宜在酷吏游俠之間。斯蓋並司馬公之殘缺。褚先生補之失也。幸不深尤焉。

述贊之體，深所不安，何者，夫敍事美功，今有首末，懲惡勸善，是稱褒貶。觀太史公贊論之中，或國有數君，或士兼百行，不能備論終始，自可略梗概。遂頗取一事，偏引一奇，卽爲一篇之贊，將爲龜鑑，誠所不取。斯亦明月之珠，不能無纇矣。今並重爲一百三十篇之贊云。（俱本司馬貞補史記序）

改訂史記得失　四庫總目：補史記條例，欲降秦本紀項羽本紀爲系家，而呂后孝惠各爲本紀，補曹許邾吳芮，吳濞淮南系家，而降陳涉於列傳，蕭何曹參張良周勃五宗三王各爲一傳，而附國僑羊舌肸於管晏，附尹喜莊周於老子，附韓非於商鞅，附魯仲連於田單，附宋玉於屈原，附鄒陽，枚乘於賈生。又謂司馬相如汲鄭傳不宜在西南夷後，大宛傳不宜在游俠酷吏之間。欲更其次第。其言皆有條理。至謂司馬遷述贊不安，而別爲之，則未喻言外之旨。終以三皇本紀，自爲之註，亦未合闕疑傳信之意也。

王鳴盛曰：補序一篇，自述其補之之由，又逐段論其改删升降之意。大旨謂五帝之前，當補太皡庖犧氏，女媧氏，炎帝神農氏，並於其前，又追補天皇，地皇，人皇，三皇，總稱三皇本紀。又欲將秦本紀項羽本紀俱降爲世家。又謂惠帝事不當沒之，而入於呂后紀中，欲依班氏分爲二紀。又欲補曹叔振鐸，許男，郳子，張耳，吳芮諸世家。又欲將列傳中吳王濞升入世家，與楚元王同爲一篇。淮南衡山升入世家，與齊悼惠王同爲一篇。又欲將陳涉世家降爲列傳。又謂外戚不當世家，其意蓋亦欲降入列傳。又謂子產，叔向不宜入循吏傳，欲於管晏後補吳延陵，鄭子產，晉叔向，衞史魚等，又欲分老子與尹喜，莊周爲一篇。韓非別入商君傳末。又欲抽魯連與田單爲一傳。鄒陽與枚乘，賈生爲一傳。屈原與宋玉自爲一傳。又謂司馬相如汲鄭傳不宜在西南夷之下，大宛傳宜在朝鮮之下，不宜在酷吏游俠之間。貞所改補如此，後乃悔其穿鑿，俱仍舊貫而聊附其說於此。惟三皇本紀一篇，贅於卷末。然述贊猶於李廣之下，衞青之前，抽出匈奴人於南越之前。愚謂貞之改補誠不知而作，皆非是。至其又欲分蕭相國，曹相國，留侯，絳侯，五宗，三王世家各爲一篇，作六篇。按今本固爲六篇，而貞言如此，則不可解。意者，此卽所謂八十卷本之分卷耶？但子長於留侯下有陳平，方繼以絳侯，而貞所舉留侯下卽絳侯，則又不可解。（十七史商榷）

又曰：貞所移易篇次，有非是者，有似是而不必者，如老韓同傳。正以老子清虛，不有其身故無情，則必入於深刻，故使同傳，今乃謂其敎迹全乖而欲移之，眞强作解事。李廣衞青事迹與匈奴相出入，故以匈奴參錯於二人之間，今移之亦非。司馬相如次西南夷下者，亦因相如實欲通西南夷者，移之則非其本意。其餘皆多事而無謂，不必也。惟惠帝十六卽位，在位七年，年二十三而崩。史記將惠帝事亦入呂后本紀，此則似不如漢書別立惠帝紀爲妥。然此惟漢書斷代爲史，立體必應如是，若史記本自疏闊，周七八百年只一紀，漢每帝一紀，已自詳近略遠，惠帝無紀，亦復何害。（十七史商榷）

補竄

綜述　梁啓超謂現存古書，什有九非本來面目，非加一番擇別整理工夫，而貿然輕信，殊足以誤人。然別擇整理之難，殆未有甚於史記者。（續史記）史記既非原書，今欲從事研究，蓋有先決問題三：一曰補，爲史記是否已成書問題。二曰續，爲史記記事最終年限問題。三曰改竄，爲史記是否仍爲原書問題。吾人欲見史記眞面目，非詳論之不可。茲就諸儒研究結果，分述如次。

史記是否已成問題　班彪曰：太史令司馬遷作本紀世家列傳書表，凡百三十篇。而十篇缺焉。（後漢書班彪傳）班固曰：司馬遷作十二本紀，十表，八書，三十世家，七十列傳，凡百三十篇，而十篇有錄無書。（漢書司馬遷傳）張晏云：遷沒之後，亡景紀，武紀，禮書，樂書，兵書，（兵書卽律書，顏師古據史記目錄，但有律書而無兵書，以駁張晏之誤，非，詳趙翼說。）漢興以來將相年表，日者列傳，三王世家，龜策列傳，傅靳列傳。元成之間，褚先生補缺，作武帝紀，三王世家龜策日者傳，言辭鄙陋。非遷本意也。（司馬遷傳註）司馬貞案：景紀取班書補之，武紀專取封禪書，禮書取荀卿禮論，樂書取禮樂記，兵書亡不補，略律而言兵，遂分歷述以次之，三王系家空取其策文以續此篇，何率略且重，非當也；日者不能記諸國之同異，而論司馬季主，龜策直太卜所得占龜兆雜記，而無筆削功，何蕪鄙也。（史記索隱）兩漢書俱言十篇缺，有錄無書，司馬貞惟言補篇取材，張晏雖云遷沒之後亡，褚先生補缺，然史記是否成書，其缺爲原缺，抑係殘缺，皆不明言，故後之論者，各執其說。

劉知幾曰：宣帝時，遷外孫楊惲祖述其書，遂宣布焉。而十篇未成，有錄而已。原注：張晏漢書注云，十篇遷歿後亡失，此說非也。（史通正史）四庫總目云：案遷自序爲百三十篇，漢書稱其十篇有錄無書，張晏以爲遷沒之後亡，劉知幾史通以爲十篇未成，有錄而已。駁張晏之說爲非。今考日者龜策二傳，並有太史公曰，又有褚先生曰，是爲補綴殘稿之明證，當以知幾爲是也。（正史類）趙翼曰：觀於景武二紀及禮書，樂書，漢興以來將相年表，日者龜策列傳，三王世家，並傅靳列傳，俱未卒業。元成間，褚先生始補成之，則史記本未有完書也。（陔餘叢考）

梁啓超曰史記是否已成書耶?按自序則百三十篇，粲然具備，似悉出史公手定，故此問題，二千年來，從未發生。然據漢書司馬遷傳，已云十篇有錄無書，後漢書班彪傳亦云十篇缺焉。注家謂遷沒之後亡，則認爲書本完成，後乃亡佚云爾。吾細考史公年歷，則不能無疑。報任安書自述下獄時事云草創未就，適會此禍，惜其不成，是以就極刑而無慍色。則其時書尙未成可知，時天漢三年也。自此以後，去太史令職而爲中書令，金匱石室之藏，不復能如昔時之恣其紬讀。又近侍尊寵，每有巡幸，無役不從。依漢書武帝紀所載太始二年五月巡幸回中登隴首。三年正月行幸甘泉，五月行幸東海，至琅邪成山，登之罘，冬乃歸。四年三月行幸泰山，四月幸不其，十二月行幸雍，西至安定北地。此皆史公官中書時事。計數年間能安居京師，從事著述者，殆無虛日。報任安書所謂卒卒無須臾之間得竭志意，蓋實情也。報任書已經考定爲太始四年冬間作；玩其語氣，史確未成。書云僕誠已著此書，則償前辱之責，雖萬被戮，豈有悔哉。下又云是以腸一日而九迴，居則忽忽若有所亡，出則不知所往，每念斯恥，汗未嘗不發背沾衣也。則書未成，而前辱未償明甚。越二年而巫蠱難作，史公存亡，已不可考矣。然則書竟不成而齋志以沒，未可知也。信如是也，則史記之有缺篇，非亡佚而原缺也。而今本乃百三十篇，一無所欠，其果爲遷書之舊耶否耶。(讀史記)

呂祖謙曰：以張晏列亡篇之目，校之史記，或其篇俱在，或草具而未成，非皆無書也。其一曰景紀，此其篇俱在者也，所載間有班書所無者。其二曰武紀，十篇惟此篇亡。衞宏漢官儀注曰，司馬遷作本紀，極言景帝之短，及武帝之過，武帝怒而削去之。衞宏與班固同時，是時兩紀俱亡，今景紀所以復出者，武帝特能毀其副在京師者耳，藏之名山，固自有他本也。武紀終不見者，豈非指切尤甚，雖民間亦畏禍而不敢藏乎。其三曰漢興以來將相年表，其書具在，但前闕敍。其四曰禮書，其敍具在。自「禮由人起」以下，則草具未成者也。其五曰樂書，其敍具在，自「凡音之起」而下，則草具而未成者也。其六曰律書，其敍具在，自「書曰亡政二十八舍」以下，則草具而未成者也。其七曰三王世家，其書雖亡，然敍傳云「三子之王，文辭可觀，作三王世家」，則其所載，不過奏請及策書，或如五宗世家，其首略具所自出，亦未可知。贊乃眞太史公語也。其八曰傅靳蒯成列傳，此其篇具在而無刓缺者也，張晏乃謂褚先生所補，褚先生論著附見史記者甚多，試取一二條與此傳比觀之。則雅俗工拙，自可見知。其九曰日者列傳，自「余志而著之」以上，皆太史公本書。其十曰龜策列傳，其序具在，自「褚先生曰」以下，乃其所補爾。方班固時，東觀蘭臺所藏十篇雖有錄無書，正如古文尙書兩漢諸儒皆未嘗見。至江左始盛行，固不可以其晚出，遂疑爲僞也。(王應麟漢書藝文志考證)

王鳴盛曰：考景紀現存，是遷元文，不知何晏何以言遷沒後亡。且此紀文及贊，皆與漢書景紀絕不同，又不知索隱何爲言以班書蓋之。其武紀則是褚少孫所補。禮書樂書雖是取荀卿禮記，其實亦是子長筆，非後人所補。不知張晏何以云亡。兵書卽是律書，觀自序自明，師古謂本無兵書，以駁張晏，誠誤。但今律書見存，卽是兵書，不亡，而張晏何以云亡。索隱亦誤會也。漢興以來將相年表，惟太始以後，後人所補，其前仍是子長筆，何以云亡。日者龜策二篇，惟末段各另附褚先生言，其元文仍出子長筆。索隱以日者傳司馬季主事爲褚補，非也。不知張晏何以云亡，而褚龜策傳末則云太史公作龜策列傳，臣往來長安中，求龜策傳不能得，故之太卜官問掌故文學長考習事者，寫取龜策卜事，編於下方。然則今所有龜策元文，出子長者，褚所未見，又不知以何時出而得行也。三王世家，直列三王封策書，而不置一詞。其贊云，王者封立子弟，以襃親親，自古至今，由來久矣。非有異，故弗論著也。然封立三王，文字爛然可觀，是以附之世家。此亦是子長筆，據文雖未定之筆，亦不可云亡，而張晏何以云亡。其後則有褚先生曰，臣好觀太史公傳，傳中稱三王世家，文辭可觀，求其世家，終不能得，竊從長老好故事者，取其封策書編列而傳之。據贊則取封策以當世家者，亦子長所爲，而褚乃以爲其所自編列，是皆不可解。傅靳傳，俱是子長元文，並無補續。又不知張晏何以云亡。然則漢書所謂十篇有錄無書者，今惟武紀灼然全亡，三王世家，日者、龜策傳爲未成之筆，但可云闕，不可云亡，其餘皆不見所亡何文。（十七史商榷）

如此則所謂十篇者，除律書具在，僅九篇耳。九篇中惟武紀全亡，三王世家，日者，龜策傳爲未成之作，其餘並無闕失，而武紀雖亡，亦殘缺而非原亡。蓋史記一書，補竄雖不能免，然馬遷必已成全書，可知也。吾人既認自序一篇爲馬遷自作。古人作書，必全書完具，然後自述以殿之。自序一篇，爲史記全書提要，必非書未成而先爲之者。且如曰：余歷黃帝以來至太初而訖，百三十篇。又曰：藏之名山，副在京師，俟後世聖人君子。既具本末矣。又曰：爲十二本紀，八書十表，三十世家，七十列傳，凡百三十篇，五十二萬六千五百字。則史記本末完具，殆無缺無漏者矣。漢書藝文志春秋家太史公百三十篇，不云有闕。梁氏引用報任安書以爲不及完成，亦屬揣測之詞。而其報書中固明言凡百五十篇，成一家之言。故朱子論史記但云疑當時不曾刪改脫稿，（朱子語類）而後世亦有謂史公已訂成全書，其十篇之缺，乃後人所遺失，非史記未及成而有待於後人補之也。（廿二史箚記）

史記最終年限問題　梁啓超曰：史記所記事，以何年爲最終年限耶。據自序曰，故述往事，思來者，卒述陶唐以來至於麟止。集解張晏曰：武帝獲麟，以爲述事之端，上包黃帝，下至麟止，猶春秋止於獲麟也。漢書揚雄傳云：太史公記六國，歷楚漢，訖麟止。後漢書班彪傳云，太史令司馬遷上自黃帝，下訖獲麟，作本紀世家列傳書表，凡百三十篇。右據遷所自言，及揚雄班固言，則麟止一語，殆爲鐵案。按武帝獲麟在元狩元年冬十月。（西前一二二）孔子作春秋訖於魯哀公十四年西狩獲麟。史記竊比春秋，時亦適有獲麟之事，故所記以此爲終限。然則武帝本紀當敍至元狩元年十月止，年表世家列傳稱是，凡此年以後之記事，皆非原文。此標準宜爲最可信據者。雖然本書所載元狩元年以後之事甚多，而年限亦有異說。其年之異說：

（一）訖太初說　太史公自序最末一段云：余述歷黃帝以來至太初而訖，漢書敍傳云，太初後，闕而不錄。太初凡四年，若訖太初四年（西前一〇一）則逾麟止之限二十二年。

（二）訖天漢說　漢書司馬遷傳贊云：述楚漢春秋，接其後事，訖於天漢。史記集解索隱正義皆主是說。天漢接太初以後凡四年。若訖天漢四年，（西前九七）則逾麟止之限二十六年。

（三）訖武帝末說　建元以來侯者年表，末附褚先生曰：太史公記事盡於武帝之末，武帝最末一年，爲後元二年（西前八七）若訖於此，則逾麟止之限三十六年。

右第二第三兩種異說，出自他人之口，且暫置不理。惟第一異說之訖太初，則麟止語，同出自序一篇之中，矛盾至此，實令人迷惑。查訖麟止一語，在自序大序之正文中，訖太初一語，乃在小序之後另附一行，文體突兀不肖。又漢書本傳全錄自序，而不載此一行，似班固所見自序原本並無此語，衡以史公竊比春秋之本意。固宜以麟止爲斷也。但太初天漢事尙爲史公所及見耳。今本史記不獨太初天漢事盈篇累幅也，乃至紀武帝後事者，且不一而足。如：

（一）酷吏傳載杜周捕治桑弘羊昆弟子事，在昭帝元鳳間（西前八〇至七五）距武帝崩六年至十二年。

（二）楚元王世家云地節二年，中人上書告楚王謀反。宣帝地節二年，（西前六八）距武帝崩十九年。

（三）齊悼惠王世家載建始三年城陽王景卒，同年菑川橫卒。成帝建始三年（西前三〇）距武帝崩五十七年。

（四）將相名臣表武帝後，續以昭宣元成四帝，直至鴻嘉元年止。成帝鴻嘉元年，（西前二〇）距武帝崩六十七年。

右不過舉數條爲例，書中所說昭宣元成間事，蓋更僕難數。無論如何曲解，斷不能謂太史公及見建始鴻嘉時事，然而此諸條者，固明明在今本正文中，稍粗心讀去，絕不能辨矣。吾

儕據此等鐵證，可以斷言今本史記，決非史公之舊，其中有一部分乃後人羼雜。（讀史記）

班彪曰：司馬遷著史記，自太初以後，闕而不錄，後好事者，頗或綴集時事，然多鄙俗不足以踵繼其書。（後漢書班彪傳）章懷曰：好事者謂揚雄，劉歆，陽城衡，褚少孫之徒也。（班彪傳注）劉知幾曰：司馬遷既沒，後之續史記者，若褚先生，劉向，馮商，揚雄之徒，並以別職來知史務。（史通史官）又曰：史記所書，年止漢武，太初以後，闕而不錄，其後劉向，向子歆，及諸好事者，若馮商，衞衡，揚雄，史岑，梁審，肆仁，晉馮，段肅，（班固集作段肅固本傳作殷肅）金丹，馮衍，韋融，蕭奮，劉恂等，相次撰續，迄於哀平間，猶名史記。至建武中，司徒掾班彪，以爲其言鄙俗，不足以踵前史，又雄歆褒美僞新，誤後惑衆，不當垂之後代者也。於是採其舊事，旁貫異聞，作後傳六十五篇。（史通正史）則自揚雄以下諸人，皆以史職之故，始行續撰。惟班彪出諸自動耳。無怪乎其草率從事，鄙俗不足道也。梁啓超曰：西漢東漢之交，續史記者，將二十家，而皆仍其舊名。卽班彪續作數十篇，亦僅名爲後傳，蓋自馮商，劉向以迄班彪，其意皆欲各據所立時代，以次遞續，不別爲書，其截采史記記漢初以來之一部分，續以昭宣迄哀平之部分，以成斷代之史，則自班固始耳。當時既未有印書，傳鈔皆用竹木簡，或縑帛，弆攜兩難，用之彌嗇，各家所續本，或卽以塗附於原抄本中。卽不然而學者展轉誦習，竟著續本與原本合鈔，以圖省便，亦意中事。故今本史記有馮商，劉向，劉歆諸人手筆雜入其中者，定不少也。(讀史記)

史記是否原書問題　書中關於漢事之記載，若嚴格的甄別，宜以元狩元年以前爲斷，卽稍寬，亦只能截至太初末而止。其有溢出此限外者，决非史公之舊也。然此猶較易辨別，其最難者，則有後人故意竄亂者。四庫書目：周密齊東野語摘司馬相如傳贊中有揚雄以爲靡麗之賦，勸百而諷一之語。又摘公孫宏傳中有平帝元始中詔賜宏子孫爵語。焦竑筆乘摘賈誼傳中有賈嘉最好學，至孝昭時，列爲九卿語。皆非遷所及見。王懋竑白田雜著亦謂史記止紀年而無歲名，今十二諸侯年表上列一行，載庚申甲子等字，乃後人所增。則非惟有所散佚，且有所竄易，年祀綿邈，今亦不得而考矣。趙翼謂揚雄乃哀平王莽時人，史遷何由預引其語，此幷非少孫所補，而後人竄入者也。(廿二史箚記)

王鳴盛曰：世皆言褚先生補史記，其實史記惟亡武紀一篇，餘間有缺無全亡者，而褚所補亦惟武紀，其餘特附益於各篇中，如贅疣耳。武紀之補，固屬可笑，其餘皆鄙瑣無謂，或冗複混目，已詳見各條中。惟外戚世家有數句可取。至若建元以來侯者年表末補武帝本年侯者四人，昭宣時所封及元帝初元間封者一人，張蒼傳末附征和以後並宣元諸相車千秋，韋賢，元成，魏相，丙吉，黃霸，匡衡，此等雖無害，然史記本訖天漢，亦何勞贅述。其平津侯傳末附太皇太后賜公孫宏後當爲後者關內侯爵詔一通，又采入漢書贊一篇，則又非褚先生所錄。（十七史商榷）

梁啓超曰：案今武帝紀並褚補字樣而無之，而其文乃割裂封禪書，贊語亦全與封禪書同。其餘張晏所舉諸篇，今本皆現存。又三代世家，建元以來侯者年表，陳涉世家，外戚世家，梁孝王世家，田叔列傳等篇，皆各有褚先生曰一段補文附於贊語後，則褚補原不僅四篇也。又如張丞相列傳，於贊語後有一大段補文；但並無褚先生曰字樣，則補者又不獨一褚先生也。補文別附贊後者，吾輩能識別之。若如武帝紀之類，竟以補文作正文，或所補並非褚先生之舊者，則後人從何辨耶。（讀史記）

崔適曰今之篇目篇文，不但非太史公之舊，亦非班固張晏時之舊，今十篇皆補無一缺者，轉視班張時爲備矣。其可信耶。正足爲殘缺益多之反比例也。武紀等篇，亦非褚先生補，八書皆贋鼎，斤斤於兵書律書之辨，枉尋直尺而已。惟景紀傅靳列傳轉不似缺。今姑舍是證其爲通篇皆僞者二十九，文紀(一)武紀(二)年表第五至第十(八)八書(十六)三王世家(十七)張蒼，南越，東越，朝鮮，西南夷，循吏，汲鄭，酷吏，大宛，佞倖，日者，龜策等十二列傳(二十九)是也。惟年表第五至第九，當是褚先生補，餘皆非才妄續。(史記探源)今舉其篇目，撮要如次：

(一)孝文本紀　後人依漢書補。(張晏云，景紀亡，當是文紀之誤，小司馬所謂取班書補之在此不在彼。)

(二)孝武本紀　妄人錄漢書郊祀志。(封禪書錄郊祀志而刪其昭宣以下，此紀復錄封禪書而削其文景以上，亦斷頭刖足之郊祀志也。)

(三)漢興以來諸侯年表　褚先生補。(託之太史公)

(四)高祖功臣侯年表　褚先生補。(此幷褚先生補亦爲後人竄亂也。)

（五）惠景間侯者年表　褚先生補。（竄亂與上篇同）

（六）建元以來侯者年表　褚先生補。（竄亂與上二篇同）

（七）建元以來王子侯者年表　褚先生補。（褚補未經竄亂）

（八）漢興以來將相名臣年表　妄人所續。（張晏云亡，集解云太始以後後人所續。）

（九）禮書　妄人所續雜錄荀子禮論。（張晏云亡，司馬貞曰取荀卿禮論。）

（一〇）樂書　妄人所續，雜錄禮記樂記。（張晏云亡，司馬貞曰取禮記樂記。）

（一一）律書　妄人錄漢書志。（小司馬誤謂褚少孫補。）

（一二）歷書　妄人錄漢書志。（錄自漢書律歷志。）

（一三）天官書　妄人錄漢書天文志。（與天文志次序互異，詳略不同。）

（一四）封禪書　妄人錄漢書郊祀志。（去其昭宣以下。）

（一五）河渠書　妄人錄漢書溝洫志。（去其自鄭國渠以下。）

（一六）平準書　妄人錄漢書食貨志。（任意割裂。）

(一七)三王世家　妄人所續。(篇目非太史公所有，此文亦非褚先生補。)

(一八)張丞相列傳　妄人錄漢書。(傳亡而錄漢書補之。)

(一九)南越尉陀列傳　妄人錄漢書。(與下三篇史記所本無，後人直錄漢書西南夷兩粵朝鮮傳)

(二〇)東夷列傳　妄人錄漢書。(兼雜錄漢書嚴助傳)

(二一)朝鮮列傳　妄人錄漢書。

(二二)西南夷列傳　妄人錄漢書。

(二三)循吏列傳　妄人所續。(爲酷吏傳而作酷吏僞託，此亦同然矣。)

(二四)汲鄭列傳　妄人錄漢書。(據漢書張馮汲鄭列傳竄之。)

(二五)酷吏列傳　妄人錄漢書。(非史所有，漢書亦非班固之書。)

(二六)大宛列傳　妄人錄漢書。(後人直錄漢書張騫李廣列傳。)

(二七)佞倖列傳　妄人錄漢書。(非史記所有，後人錄漢書而去石顯以下也。)

(二八)滑稽列傳　中章妄人所續。(中章世次既差，立言復謬。)

(二九)日者列傳　妄人所續。

(三〇)龜策列傳　妄人所續。(與三王世家空取其策文相似。)

孝景紀，張晏云亡，司馬貞曰取班書補之，實未亡爾。

梁啓超謂關於史記篇目眞僞，可分爲五等：

(一)全篇原缺後人續補者。以漢書本傳明言十篇缺，有錄無書，班固所不及見者，後人何由得見，應認爲全僞。如　孝景本紀　漢興以來將相名臣年表　禮書　樂書　律書　三王世家　日者列傳　龜策列傳　傅靳蒯成列傳

(二)明著補續之文，及補續痕跡易見者。今武殿版本皆改爲低一格，以示識別。如三代世表(篇末自張夫子問褚先生曰以下)張丞相傳(篇末自孝武時丞相多以下)田叔列傳(篇末自褚先生曰以下)平津侯主父列傳(篇末自太皇太后詔以下，又自班固稱曰以下)滑稽列傳(篇末自褚先生曰以下。)

（三）全篇可疑者。今本史記中多有與漢書略同，而玩其文義，乃似史記割裂漢書，非漢書刪取史記者。如　孝武本紀　律書　歷書　天官書　封禪書　河渠書　平準書　張丞相列傳　南越尉列傳　循吏列傳　汲鄭列傳　酷吏列傳　大宛列傳

（四）元狩或太初以後之漢事，爲後人續補竄入各篇正文者，此類在年表世家列傳中甚多，不復枚舉。

（五）各篇正文中爲劉歆故意竄亂者。此類辨別甚難，舉要點數端如下。　凡言終始五德者——五帝本紀，秦始皇本紀，十二諸侯年表，孟子荀卿列傳，張蒼列傳等篇。　凡言十二分野者，——十二諸侯年表，齊宋鄭世家，張蒼列傳等篇。　凡言古文尙書及所述書序。——夏殷周本紀，齊魯衞宋世家等篇。　凡記漢初古文傳授者。——儒林列傳，張蒼列傳等篇。

源流

取材藍本　班固有言：司馬遷據左氏國語，采世本戰國策，述楚漢春秋，接其後事，訖於

天漢。（漢書司馬遷傳贊）司馬貞曰：史記屬稿，先據左氏國語，系本，戰國策，楚漢春秋，及諸子百家之書，而後貫穿經傳，馳騁古今，錯綜隱括，各使成一國一家之事。（史記索隱序）左氏者，謂左丘明爲春秋經作傳三十篇。其中記三皇，五帝，三王，五伯，卿大夫士等居處族系之事也。國語者，亦左丘明所撰，起周穆王訖敬王之末。又記諸侯等事，起魯莊公訖春秋末。系本者，劉向云古史官明於古事者之所記，錄黃帝，顓頊，帝嚳，堯，舜，夏，殷，周至時王，依及諸國系卿大夫名號。卽太史公所取爲本紀世家者。戰國策者，記春秋之後，七國戰爭之事，以東西周爲首，而及中山之國，其間戰鬭征伐謀臣說士縱橫之策也。楚漢春秋，陸賈所記，起項氏，漢高，訖漢文帝中間諸呂用事，故名楚漢春秋。訖於天漢者，自漢家太史所記高惠，呂后，文景，及武帝天漢諸年之事也。今考本書中自述其所取材者如下：

五帝本紀：「予觀春秋國語。」

殷本紀：「自成湯以來，采於詩書。」

秦始皇本紀：「吾讀秦記。」

孝武本紀：「余究觀方士祠官之言。」
三代世表：「余讀諜記，稽其歷譜。」
十二諸侯年表：「太史公讀春秋歷譜諜。」「秦記不載日月，其文略不具。」「余於是因秦記踵於春秋之後著所聞興懷之端。」
吳太伯世家：「余讀春秋古文。」
衞康叔世家：「余讀世家言。」
伯夷列傳：「學者載籍極博，猶考信於六藝。」
管晏列傳：「吾讀管氏牧民，山高，乘馬，輕重，九府，及晏子春秋。」
司馬穰苴列傳：「余讀司馬兵法。」
孫吳列傳：「孫子十三篇，吳起兵法，世多有。」
仲尼弟子列傳：「悉取論語弟子問，並次爲篇。」
孟子荀卿列傳：「余讀孟子書，」「自如孟子至吁子，世多有其書。」

商鞅列傳：「余嘗讀商君開塞耕戰書。」
屈原賈生列傳：「余讀離騷，天問，招魂，哀郢。」
酈生陸賈列傳：「余讀陸生新語書。」
儒林列傳：「余讀功令。」

大抵除班氏所舉五書外，史公所採主要材料，（一）六藝。（二）秦史記。（三）諜記。（或即世本）（四）諸子著書現存者。（五）功令官書。（六）方士言。而秦史後「諸侯史記」之湮滅，則史公最感苦痛者也。然史記所采解僅限於載籍，亦多就地采訪，觀前舉游迹各條可以見其大概。各篇中尙有明著其所親見聞者如下：

項羽本紀：「吾聞之周生。」
趙世家：「吾聞之馮王孫。」
魏世家：「吾適故大梁之墟，墟中人言曰。」
淮陰侯列傳：「吾如淮陰，淮陰人爲余言。」

樊酈絳滕列傳：「余與他廣通，爲言高祖功臣之興時若此云。」

馮唐傳：「唐子遂與余善。」

韓長孺列傳：「余與壺遂定律歷，觀韓長孺之義。」

李將軍列傳：「余觀李將軍悛悛如鄙人。」

衞將軍驃騎列傳：「蘇建語余曰。」

游俠列傳：「吾觀郭解狀貌，不如中人。」

作史年歲　司馬遷史記著述年歲，馬端臨述其先公說曰：太史公整齊世傳，論次其文，七年而遭李陵之禍。於是卒述陶唐迄獲麟止。是史記二千四百一十三年之書，以七年而成。（文獻通考）然實不足以盡其數。近人趙雲崧言之甚詳。其言曰：司馬遷報任安書。謂身遭腐刑，而隱忍苟活者，恐沒世而文采不表後世也。論者遂謂遷遭李陵之禍，始發憤作史記。而不知非也。其自序謂父談臨卒，屬遷論著列代之史。父卒三歲，遷爲太史令，卽紬石室金匱之書，爲太史令五年，當太初元年，改正朔，正値孔子春秋後五百年之期。於是論次其文。會草創未就，而遭李陵之禍，惜其不成，是以就刑而無怨。是遷爲太史令，即編纂史事。五年爲太初元年，則初爲太史令時，乃元封二年也。元封二年至天漢二年，遭李陵之禍，已十年。又報任安書內謂安抱不測之罪，將迫季冬，恐卒然不諱，則僕之意終不得達，故略陳之。安所抱不測之罪，緣戾太子以巫蠱事斬江充，使安發兵助戰，安受其節而不發兵，武帝聞之，以爲懷二心，故詔棄市，此書正安坐罪將死之時，征和二年間事也。自天漢二年至征和二年，又閱八年，統計遷作史記，前後共十八年。況安死後，遷尚未亡，必更有删訂改削之功，蓋書之成凡二十餘年也。其自敍末謂自黃帝以來至太初而訖，乃指所述歷代之事止於太初，非謂作史年歲至太初而訖也。（廿二史劄記）趙氏此考頗精密，雖不能確知其作史年歲，然大略可知。設以趙氏所云自武帝元封二年至征和二年，爲史記著作時代，實當西元前一〇九至九一年間也。

史記名目

史記之名，非遷書原名也。太史公自序凡百三十篇，五十二萬六千五百字爲太史公書。劉歆七略亦稱太史公百三十篇，漢書藝文志述劉歆七略，仍曰太史公百三十篇，又馮商所續太史公七篇。其餘楊惲傳謂之太史公記，應劭風俗通同。宣元六王傳謂之太史公書，班彪論略，王充論衡同。而風俗通時或稱太史記，是知兩漢時並未有名遷書爲史記者，本書中史記之名凡六見，如：

周本紀：「太史伯陽讀史記。」

十二諸侯年表：「孔子論史記舊聞。」「左丘明因孔子史記，具論其語。」

六國表：「秦燒天下書，諸侯史記尤甚。」「史記獨藏周室。」

天官書：「余觀史記，考行事。」

孔子世家：「乃因魯史記作春秋。」

太史公自序：「紬史記石室金匱之書。」

蓋史記爲古史書之總名，初非太史公史記之專稱也。以史記名太史公書，蓋起於魏晉之間。三國志王肅傳帝問司馬遷以受刑之故，內懷隱切，著史記非貶孝武。隋書經籍志史記百三十卷，司馬遷撰。又史記音義十二卷，宋中散大夫徐野民撰。史記八十卷，宋南中郎外兵參軍裴駰注，始著於錄。故史記之名及卷數，皆後人所加耳。又班固藝文志原本七略，未立史部，以太史公書附著春秋之後，至隋書經籍志繼經標史，史記升居首部，遂爲定次。

史記流傳　吾儕今日所讀之史記，果爲史遷原本之書，抑經後人改訂，錯綜分合，已失其眞相耶。抑或已經失其眞相，又經後人爲之更正耶。四庫總目云：案遷自序凡十二本紀，十表，八書，三十世家，七十列傳，共爲百三十篇。漢書本傳稱其十篇闕，有錄無書，張晏注以爲遷沒之後，亡景帝紀，武帝紀，禮書，樂書，兵書，漢興以來將相年表，日者列傳，三王世家，龜策列傳，傳靳列傳，劉知幾史通則以爲十篇未成，有錄而已。駁張晏之說爲非，今考日者龜策二傳，並有太史公曰，又有褚先生曰，是爲補綴殘藁之明證，當以知幾爲是也。然漢志春秋家載史記百三十篇，不云有闕，蓋是時官本已以少孫所續合爲一編。觀其日者龜策二傳，並有臣爲郎時云云，是必嘗經奏進，故有是稱。其褚先生曰字，殆後人追題，以爲別識歟。周密齊東野語摘司馬相如傳贊中有揚雄以爲靡麗之賦，勸百而諷一之賦，又摘公孫宏傳中有平帝元始中詔賜宏子孫爵語，焦竑筆乘摘賈誼傳中有賈嘉最好學，至孝昭時列爲九卿語，皆非遷所及見。王懋竑白田雜著亦謂史記止紀年而無歲名，今十二諸侯年表上列一行載庚申甲子等字，乃後人所增則非惟有所散佚，且兼有所竄易。年祀緜邈，今亦不得而考矣。然字句竄亂，或不能無，至其全書則仍遷原本。焦竑筆乘，據張湯傳贊如淳註，以爲續之者有馮商孟柳。又據後漢書楊終傳，以爲嘗删遷書爲十餘萬言。指今史記非本書，則非其實也。其書自晉唐以來，傳本無大同異，惟唐開元廿三年(西元七三五)敕升史記老子列傳於伯夷列傳上。(王鳴盛曰：常熟毛氏刻集解及索隱，皆伯夷列傳第一，老子韓非列傳第三，此原本也。而震澤王氏刻以老子莊子居伯夷傳之前，同爲一卷居第一，申不害韓非爲一卷居第三，蓋正義本也。開元二十三年，奉敕升老子，莊因老子而類升，張守節從之。若監本老子伯夷同傳第一，莊子韓非同傳第三，則又是後人所定。柯維騏曰：太史公作傳，原首伯夷，其莊周申不害特附載於老子韓非中耳。唐開元敕升老子申子爲列傳首，乃列老莊於伯夷之前，而申韓列爲一傳，今世所傳正義本是也。司馬貞又以韓非商君並列，蓋紊亂矣。)錢曾讀書敏求記云：尚有宋刻(敏求記云：唐尊老子爲玄元皇帝，開元二十三年敕升於史記列單之首處。伯夷上，予昔藏宋刻史記有四，而開元本亦其一焉。管氏侍淸書屋散記云：高安釋圓至書宣和史記後云：予居臨安，有持示大板史記，而列傳以老子爲首，心甚怪之，莫出所從出。閱國朝會要宣和某年有旨升老子於列傳之首，乃悟所見爲宣和本，今不行矣。）今未之見。南宋廣漢張材又嘗刊去褚少孫所續，趙山甫復病其不全，取少孫書別刊附入，今亦均未見其本。世所通行，惟此本耳。（卽四庫著錄本）至僞孫奭孟子疏所引史記西子金錢事，今本無之。若宋人作託古書，非今本之脫漏。又學海類編中載僞洪遵史記眞本凡例一卷，於原書臆爲刊削，稱卽遷藏在名山之舊，其事與梁鄱陽王漢書眞本相類，益荒誕不足爲據矣。注其書者，今惟裴駰，司馬貞，張守節三家尙存。其初各爲部帙，北宋始合爲一編。明代國子監刊板，頗有刊除點竄，南監本至以司馬貞所補三皇本紀冠五帝本紀之上，殊失舊觀。然彙合羣說，檢尋較易，故今錄合併之本，以便觀覽。（史部正史類）

史記版本　莫友芝曰：史記一百三十卷，漢司馬遷撰。　正文無注者，明葛氏刊本。　近日馮應榴刊本。　坊刊本。　陳明卿本最善。　陳臥子次之。　鍾伯敬本不載十表。最下矣。又有鍾人傑本。　黃嘉惠本。　天祿琳瑯後目有宋板史記目錄，後刊校書官張耒職名，因文潛所校定，以爲北宋元祐間本。　又一部，紹興三年，官刊本。　又三部，俱嘉靖六年萬卷樓刊本。以上俱有正義。　又一部，即元中統二年段刊索隱本。　又二部，昭文張氏有宋乾道刊。集解索隱足本。　又有九行大字北宋刊殘本十四卷。　梅伯言嘗見有汪文盛刊本史記注。何子貞有明武進吳中珩刊本。　明李元陽高士魁校本，名題史記題評。　程容伯有安成郡彭寅翁崇道精舍刊本。　史記集解索隱，宋乾道蔡甯弼刊本目錄後有三峯樵隱蔡夢弼傳卿校正一行。三皇本紀後有建溪蔡夢弼傅卿親刊校於東塾時歲乾道七年春王正一日書，兩行。五帝本紀後有建溪蔡夢弼傅卿校刊，梓於望道亭兩行。頁二十四行，行二十二字，注二十八字。字畫精朗。蓋錢求赤藏後歸季滄葦者。　北宋殘本集解，禎字不缺，蓋仁宗以前刊。頁二十八行，行二十七字，注三十一字至三十五字不等。　宋蜀大字史記殘本，愼字不殘，是孝宗前刊。頁十八行，行十六字，注二十字。　元本史記集解索隱。　又元本史記集解索隱正義殘本十二諸侯年表後有木印云安成郡彭寅翁鼎新刊行，不著年月，驗板式，蓋元刊也。上五種昭文張氏愛月精廬本。　錢氏百衲本有抄補十餘卷。所集宋板只四種，一種小字十二行，一種大字十行，一種中字十二行，一種小字十三行。其十行十三行本單集解，十二行，兼有索隱，王鳴盛十七史商榷中痛詆之。劉燕庭所藏百衲本一本。但集解，半頁十四行，行二十四字，或二十五六七字不等，注每行三十一二字，愼字缺筆，是南宋本。周本紀炮烙皆作炮格一本，亦止集解半頁十行，行正文十九字，註二十五六字，桓字不避嫌名，當是北宋刻一本，兼集解索隱，半頁十二行，行大二十二字，小二十八字，年表月表卷尾有建安蔡夢弼傅卿謹案京蜀諸本校理置梓於東塾二十字，二行，與張金吾藏書志所記合，避缺至愼字，凡四本。劉方伯藏尙有三家注合刊本。與柯本行款同，卷末有校對宣德郞祕書省正字張耒隸書木記，與天祿琳琅所記同。雖荷屋藏單集解宋本缺者以兼索隱宋本補之，見王氏讀書雜志。且云二本各存其半。

此外又有江南古本史記傳，高似孫極爲推重，歎爲精妙，非今本所及，其言曰：江南史記爲唐舊本，但存列傳而已。其間有字誤者，有字多者，有字少者，有脫百餘字者，有一字之間，義致大不相同者，是爲天下奇書，初上蔡謝氏有錄本，今略撮數字，於以見古本之精妙也。

伯夷傳

今本：得孔子而益章。　江南本，得孔子而名益章。

管晏傳

今本：管仲得用任於齊。　江南本，管仲得用任政於齊。

老韓傳

今本：君子得其時則駕，不得其人則蓬。　江南本人字並作時。

莊子傳

今本：申不害京人也。　江南本，荆人也。

司馬穰苴傳

今本：軍法，期而後者云何。　江南本期而後至。

右江南本同異凡四千三百五十條，今略舉四五端，一字之間，意味固自不同。最如刺客傳云，劍堅故不可拔，而江南本作劍豎，尤爲有旨，劍堅安得不可拔耶。（史略史記部）

條例

總述　司馬貞曰：夫以首創者難爲功，因循者易爲力，自左氏後，未有體制，而司馬公補立紀傳規模，別爲書表題目。觀其本紀十二，象歲星之一周；八書有八篇，法天時之八節；十表，放剛柔十日；三十世家，比月有三旬；七十列傳，取懸車之暮齒；百三十篇，象閏餘而成歲。其間禮樂刑政，君舉必書，福善禍淫，用垂炯誡，事廣而文局，詞質而理暢。斯亦盡美矣。（補史記序）張守節曰：史記作十二本紀，帝王興廢悉詳；三十世家，君國存亡畢著；八書贊陰陽禮樂；十表定代系年封；七十列傳，忠臣孝子之誠備矣。筆削冠於史籍，題目足以經邦。（史記正義序）鄭漁仲曰：仲尼既沒，諸子百家興焉。各效論語，以空言著書。至於歷代實跡，無所統繫，迨漢建元元封之間，司馬氏父子出焉。勒成一書，分爲五體，本紀紀年，世家傳代，表以正曆，書以類事，傳以著人。使百代而下，史官不能易其法，學者不能捨其書。六經之後，惟有此作。（通志總序）黃汝良曰：自史遷作史記，變左體而紀傳世家書表，厥後作者，遞相祖述，雖名號稍更，而規制無改，可謂正史開基纂修鼻祖矣。（校定史記序）夫史記之創立條例，爲後世作者之規模。固無論矣，然其價値乃在組織之複雜，及其聯絡。梁啓超曰：史記以十二本紀，十表，八書，三十世家，七十列傳組織而成。其本紀及世家之一部分爲編年體，用以定時間的關係。其列傳則人的記載，貫澈其人物爲歷史主體之精神。其書則自然界現象與社會制度之記述，與「人的史」相調劑。內中意匠特出，尤在十表。據桓譚新論謂其旁行斜上，並效周譜，或以前嘗有此體制，亦未可知。然各表之分合間架，總出諸史公慘澹經營。表法既立，可以文省事多，而事之脈絡亦具。史記以此四部分組成全書，互相調和，互保聯絡，遂成一部謹嚴博大之著作。後世作斷代史者，雖或於表志門目間有增減，而大體組織，不能越其範圍，可見史公創作力之雄偉，能簡罩千古也。（讀史記）茲舉其體制得失論如下，以備省覽。

本紀得失　劉知幾曰：案姬自后稷至於西伯，嬴自伯翳至於莊襄，爵乃諸侯，而名隸本紀，若以西伯莊襄以上，別作周秦世家，持殷紂以對武王，拔秦始以承周赧，使帝王傳授昭然有別，豈不善乎。必以西伯以前，其事簡約，別加一目，不足成篇，則伯翳之至莊襄，其書先成一卷。而不共世家等列，輒與本紀同編，此尤可怪也。項羽僭盜而死，未得成君，求之於古，則齊無知，衛州吁之類也。安得諱其名字，呼曰王者乎。春秋吳楚僭書如列國，假使羽竊帝名，正可抑同羣盜，況其名曰西楚，號止霸王者乎。霸王者，即當時諸侯，諸侯而稱本紀，求名責實，再三乖謬。（史通本紀）又曰：如項羽者，事起秦餘，身終漢始，殊夏氏之后羿，似黃帝之蚩尤，譬諸閏位，容可列紀，方之駢拇，難以成編。（史通列傳）又曰：馬遷撰史記，項羽僭盜而紀之曰王，此則眞僞莫分，爲後來所惑者也。（史通謂稱）以上論史記本紀之失，其一謂西伯莊襄以上，宜別周秦世家，實齋謂維棄作稷，德盛西伯，詩歌黃鳥，昭襄帝業，則西伯莊襄，雖無國家，實同王者，史文詳約，隨時而殊。秦多於周，理固然也。別爲一卷，何不可之有。蓋鳧脛雖短，續之則優；鶴脛雖長，斷之則悲，指駢去枝，豈若是乎。（文史通義）則以劉說爲非也。其二項羽宜傳不宜紀，反覆申論。趙翼亦謂項羽作紀頗失當，故漢書改爲列傳。（廿二史劄記）夫紀以記年，項羽雖曰霸王，政由其出，當秦之亡，漢猶未與，一切紀綱，非羽誰屬，以項紀爲非，殊失史遷紀傳本旨。

世家得失　劉知幾曰：案世家之爲義也，豈不以開國承家，世代相續。至如陳涉起自羣盜，稱王六月而死，子孫不嗣，社稷靡聞，無世可傳，無家可宅，而以世家爲稱，豈當然乎。且諸侯大夫，家國本別，三晉之與田氏，自未爲君而前，齒列陪臣，屈身藩后，而前後一統，俱歸世家，使君臣相雜，升降失序，何以責季孫之八佾舞庭，管氏之三歸反坫。又列號東帝，抗衡西秦，地方千里，高視六國，而沒其本號，唯以田完制名。（原注謂田完世家）求之人情，孰謂其可。當漢代之有天下也，其諸侯與古不同。夫古者諸侯，皆卽位建元，專制一國，緜緜瓜瓞，卜世長久，至於漢代則不然，其宗子稱王者，皆受制京邑，自同州郡，異姓封侯者，必從宦天朝，不臨方域。或傳國唯止一身，或襲爵才經數世，雖名班胙土，而禮異人君，必編世家，實同列傳，而馬遷强加別錄，以類相從，雖得畫一之宜，詎識隨時之義。（史通世家）浦起龍謂：由周而來，五等相仍，當子長時，漢封猶在，故立此名目，以處夫臣人而亦君人者。自茲以降，去古益遠，藩徼封秏，史無世家，時爲之也，（史通世家釋）陳勝雖死，其所遣侯王將相，竟亡秦國。勝固亦能君人者，不幸而死，猶能亡秦。且馬遷謂高祖時，爲陟置守冢三十家，以爲血食，謂之世家，亦無不可。

其最爲人聚訟者，則孔子世家問題是也。而首致疑者，爲宋之王安石，其言曰：孔子旅人也，棲棲衰季之世，無尺土之柄，此列之以傳宜矣，曷爲世家哉。處之世家，仲尼之道，不從而大。置之列傳，仲尼之道，不從而小。而遷也自亂其例，所謂多所牴牾者也。（讀孔子世家）司馬貞曰：孔子非有諸侯之位，而亦世家者，以是聖人爲敎化之主，又代有賢哲，故稱世家焉。（史記孔子世家索隱）張守節曰：孔子無侯伯之位，而稱世家者，太史公以孔子布衣傳十餘世，學者宗之，自天子王侯，中國言六藝者，宗於夫子，可謂至聖，故稱世家。（孔子世家正義）何良俊曰：方漢之初，孔子尙未嘗有封號，而太史公遂知其必當有褒崇之典，故遂爲之立世家，夫有土者以土而世其家，有德者以德而世其家，世家之久，莫有過於孔子者。王鳴盛曰：以孔子入世家，推崇已極，亦復斟酌盡善。王介甫妄譏之，全不考三代制度時勢，不識古人貴貴尙爵之意。（十七史商榷）趙翼曰：孔子無公侯之位，而史記獨列於世家，尊孔子也。（陔餘叢考）浦起龍謂：位孔子以世家，先儒非之。愚謂史記乃從其世及而世家之也。故敍後系獨長，至十一傳安國而與己同時，繼以子卬孫驩而止。厥後褒成、褒亭、宗聖、奉聖、崇聖、恭聖、紹聖、褒聖、衍聖之封，與世無極焉。乃悟世家二字，千古惟孔氏顛撲不破。（史通糾史）於孔子無綴詞，其於有會於斯歟。（史通世家釋）浦氏此論，最中肯要。若孔子者，可謂以德世其家者矣。

表歷得失　劉知幾曰：馬遷史記，天子有本紀，諸侯有世家，公卿以下有列傳，至祖孫昭穆，年月職官各在其篇，具有其說，用相考覈，居然可知，而重列之以表，成其煩費，豈非謬乎。且表次在篇第，編諸卷軸，得之不爲益，失之不爲損。用使讀者莫不先看本紀，越至世家，表在其間，緘而不視，語其無用，可勝道哉。既而班東（原注東謂東觀漢記）二史，各相祖述，迷而不悟，無異逐狂。必曲爲銓擇，强加引進，則列國年表，或可存焉。何者，當春秋戰國之時，天下無主，羣雄錯峙，各自年世。若申之於表，以統其時，則諸國分年，一時盡見。如兩漢御歷，四海成家，公卿既爲臣子，王侯才比郡縣，何用表其年數，以別於天子者哉。（史通表歷）又曰：觀太史公之創表也，於帝王則敍其子孫，於公侯則紀其年月，列行縈紆以相屬，編字戢孴而相排，雖燕越萬里，而於徑寸之內，犬牙可接，雖昭穆九代，而於方尺之中，雁行其敍，使讀者閱文便覩，舉目可詳，此其所以爲快也。（史通雜說上）遽相矛盾，頓成乖角。故浦氏謂：大抵內外篇非出一時，互有未定之說。（表歷釋）鄭樵謂：太史公括囊一書，盡在十表。（通志總序）趙翼謂：作史體裁，莫大於是。（廿二史劄記）顧炎武謂：史無表，則立傳不得不多。傳愈多，文愈繁，而事跡或反遺漏而不舉，此表之所以爲要也。（日知錄）蓋表與傳志，猶經之與緯，表以省志傳之煩，而志傳以補表之略，所謂互相表裏者此也。烏得厚非之乎。

書志得失 劉知幾論書志，嘗謂：紀傳之外，有所不盡，隻字片文，於斯備錄，語其通博，信作者之淵海。（史通書志）鄭樵曰：江淹有言，修史之難，無出於志。誠以志者憲章之所繫，非老於典故者，不能爲也。（通志總序）章實齋謂：史家書志一體，古人官禮之遺也。周禮在魯，而左氏春秋，典章燦著，不能復備全官，則以依經編錄，隨時錯見，勢使然也。自司馬遷八書，孟堅十志。師心自用，不知六典之文，遂使一朝大典，難以紀綱，後史因之，詳略取去，無所折衷。（文史通義永清縣志六書例議）是則非所以服遷固也。

列傳得失 劉知幾於史記列傳一體，言之最詳。一則曰：編次同類，不求年月，後生而擢居首帙，先輩而抑歸末章，遂使漢之賈誼，將楚屈原同列，魯之曹沫與燕荆軻並編，此其所以爲短也。（史通二體）要知史家著述，文存互見，非惟相得益彰，抑亦詳略之體所宜然也。不求年月，則亦品彙相從之例。顧炎武謂：古人作史，取其事之相屬，不論月日。（日知錄）此之謂也。章實齊亦謂：即楚之屈原將漢之賈生同傳，周之太史偕韓之公子同科。古人正有深意。相附而彰，義有獨斷，末學膚受，豈得從而妄議。（文史通義釋通）再則曰：尋子長之列傳，其所編者，唯人而已矣。至於龜策異物，不類肖形，而輒與黔首同科，俱謂之傳，不其怪乎。且龜策所記，全爲志體，向若與八書齊列，而定以書名，庶幾物得其朋，同聲相應者矣。（史通編次）夫龜策者，列傳之目。龜策列傳，將以傳業龜策之人，非敍述龜與策也。惜其原書已亡，無以知其究竟。然仿之滑稽日者列傳，可想見也。今少孫所補，司馬貞謂其唯取太卜占龜之雜說，詞甚繁蕪，不能剪裁，妄加穿鑿。此則褚氏之不才，非可遽論遷也。三則曰：子長之著史記也，馳騖窮古今上下數千載，至如皐陶、伊尹、傅說、仲山甫之流，並列經誥，名存子史，功烈尤顯，事迹居多，蓋各採而編之，以爲列傳之始。而斷以夷齊爲首，何齷齪之甚乎。（史通人物）又曰：司馬遷發憤作史記百三十篇，伯夷居列傳之首，以爲善而無報也。案史之於書也，有其事則記，無其事則闕。尋遷之馳騖今古，上下數千載，春秋已往，得其遺事者，蓋惟首陽之二子而已。然適使夷齊生於秦代，死於漢日，而乃升之傳首，庸爲有情。今者考其先後，隨而編次，斯則事之恆也，烏可怪乎。必謂子長以善而無報，推爲傳首，若伍子胥、大夫種、孟軻、墨翟、賈誼、屈原之徒，或行仁而不遇，或盡忠而受戮，何不求其品類，簡在一科，而乃異其篇目，各分爲卷。（史通採賾）夫史家之職，義在顯微。皐陶以下，正以耀輝經子，無待縷述，夷齊之傳，蓋緣闕訪，觀其自序，蓋欲激揚仁義，復因天下之所稱而著之，以垂後世，古之述者，豈徒然哉。四則曰：達者七十，分以四科，而史公述儒林則不取游夏之文學，著循吏則不言冉有之政事，至於貨殖傳則獨以子貢居首，掩惡揚善，既忘此義，成人之美，不其闕如。（史通雜說上）此又不知史家文有互見，事不贅出之例。游夏冉有之徒，俱已載諸仲尼弟子列傳中，何待重行標題，細爲區別。章實齋謂：遷書紀表書傳，本左氏而略示區分，不甚拘拘於題目也。而或譏其位置不倫，或又摘其重複失檢，不知古人著書之旨，而轉以後世拘守之成法，反詈古人之變通。（文史通義書敎下）又謂遷固不著列女，非不著也，巴淸敍於貨殖，文君附著相如，唐山之入藝文，緹縈之見刑法，或節或孝，或學或文，磊落相望，不特楊敞之有智妻，買臣之有愚婦也。蓋馬班法簡，尙存左國餘風，不屑屑爲區分類別。亦猶四皓君平之不標隱逸，鄒枚管樂之不署文苑也。（文史通義外篇二）至貨殖之事，馬遷自謂不害於教，不妨百姓，取與以時而息財富，智者有采焉。（太史公自序）烏得以世俗之見，而目爲惡務耶。

綜之，馬遷列傳，巨細畢書，洪纖備錄。品藻鑑理，俱盡其致。此實齋所以稱列傳包羅巨細，品藻人物，具人倫之鑒，盡事物之理。懷千古之志，擷經傳之腴。發爲文章，不可方物。馬班之才，不盡於本紀表志，而盡於列傳也。故梁啓超論史記創造之要點首標以人物爲中心，其言曰：歷史由環境搆成耶。由物搆成耶，此爲史家累世聚訟之問題。以吾儕所見，雖兩方勢力俱不可蔑，而人類心力發展之功能，固當畸重，中國史家，最注意於此，而實自太史公發之。其書百三十篇，除十表八書外，餘皆個人傳記；在外國史及過去古籍中，無此體裁，以無數個人傳記之集合體成一史，結果成爲人的史，而非社會的史，是其短處。然對於能活動社會事變上之主要人物，各留一較詳確之面影，以傳於後，此其所長也。長短得失且勿論，要之太史公一創作也。

制作

總述 班彪嘗謂司馬遷著史記，自太初以後，好事者頗或綴集，然多鄙俗，不足以踵繼其書，（後漢書班彪傳）蓋司馬氏之才識，固非後人所能企及也。朱子謂：司馬遷才高識亦高，（語錄）呂東萊亦曰：太史公高氣絕識，包舉廣而與寄深，（玉海引）故鄭漁仲稱之一則曰：司馬氏世司典籍，工於制作。再則曰：自春秋以後，惟史記擅制作之規模，（俱見通志總序）良不誣也。後世因之，率極推崇，馮夢禎曰：太史公學涉六家，途經萬里，獵百代未收之聞見，掇千齡未備之體裁，點銅鐵爲黃金，抽神奇於臭腐，眞宇挾風雷，筆驅造物者矣。雖班氏而下，代有褒彈，而六籍以來，最爲鉅麗，（校定史記自序）凌以棟曰：太史公司馬遷之抽而次史記，凌軼百代，而西京以下，絕無有闚其室而入其解者，何哉。予嘗仰觀於天，而次其日月五星三垣二十八宿，古之甘石二家之所不能易也。俯察於地，而次其名山大川，則壤弼服，古之禹貢職方氏之所不能越也。中觀於人，而次其百官萬物，與吉凶進退之宜，古之周官爾雅，庖犧氏以來諸家之易之所不能殫也。何者，天地間萬物之情各有其至，而太史公之才，天固縱之。以虬龍杳幻之怪，騣梟超逸之姿，然亦六藝百家之書無所不讀，獨能抽其雋而得其解。故於三皇五帝邈矣，次夏商以來，治亂與亡因革損益之大，王侯將相功罪名實之徵，律曆天官封禪平準之變，譏言治色，亂臣賊子之詳，班彪父子，雖或不能無譏，要之其所獨得其解處，譬之雲漢之蔚而爲象，風雷之觸而成聲，天動神解，洞竅擢髓，孔氏沒而上下三千年來此眞風騷之極者已。予故謂太史公復出，雖欲自言其至，而亦有所不能者。（史記評林序）茲就其制作方面，條述如次。

整齊編勒　首當論者，司馬遷著書最大目的果何在乎？，曰在發表司馬氏一家之言。故其自言曰：欲以究天人之際，通古今之變，成一家之言。（報任安書）又曰：略以拾遺補藝，成一家之言，厥協六經異傳，整齊百家雜語。（太史公自序）然果能達其貫澈之目的與否，卽史記價值高下之所繫也。班彪曰：若遷之著作，採獲古今，貫穿經傳，至廣博也。（前史得失論）班固曰：其涉獵者廣博，貫穿經傳，馳騁古今，上下數千載間，斯已勤矣。（漢書司馬遷傳贊）永平十七年詔曰：遷著書成一家言，揚名後世，（典引序）則當漢之世，已認遷書爲能貫澈古今，成一家之言者矣。裴駰曰：駰以爲固之所言，世稱其當，雖時紕謬，實勒成一家，總其大較，信命世之宏才也。（史記集解序）司馬貞曰：太史公古之良史也。家承二正之業，人當五百之運，兼以代爲史官，親掌圖籍，慨春秋之絕筆，傷舊典之闕文，遂乃錯綜古今，囊括記錄，本皇王之遺事，採人臣之故實，爰自黃帝，迄於漢武，歷載悠邈，舊章罕補，漁獵則窮於百氏，筆削乃成於一家。父作子述，其勤至矣。（補史記序）劉知幾曰：編次勒成，鬱爲不朽，若魯之丘明，漢之子長，此其次也。（史通辨職）鄭漁仲曰：司馬氏世司典籍，工於著作，故能上稽仲尼之意，會詩書，左傳，國語，世本，戰國策，楚漢春秋之言，通黃帝，堯，舜，至於秦漢之世，勒成一書。（通志總序）鄭一鵬曰：司馬氏豪材博學，世掌天官，漢興去古未遠，文獻足徵，故其書斷自軒轅，訖於天漢，上下三千年間，約爲五十萬言，成一家書。雖時有牴牾，然撮六藝之微言，弘三才之奧旨，奇而不譎，直而無隱，覈而成章，語一代良史不誣也。（圖書集成史記部引）劉因曰：史之興，自漢氏始，先秦之書，如左氏傳，國語，世本，戰國策，皆掇拾記錄，無完書。司馬遷大集羣書爲史記，上下數千載，亦云備矣。(圖書集成史記部引)總此諸說，俱無異詞，足徵史記一書，貫始澈終，有歷史之整個觀念，爲學者所共認。

梁啓超曰：前古史家著述成績何如，今不可盡考。略以現存之幾部古史觀之。大抵爲斷片的雜記，或順案年月纂錄，其自出機杼加以一番組織，先定全書規模然後駕馭去取各種資料者，蓋未之前有，有之自遷書始也。自序云，余所謂述故事，整齊其世傳，非所謂作也。此遷自謙云爾，作史安能憑空自造，舍述無由。史家惟一職務，卽在整齊其世傳。整齊卽史家之創作也。能否整齊，則視乎其人之學識及天才。太史公知整齊之必要，又知所以整齊，又能使其整齊理想實現，故太史公爲史界第一創作家也。又曰：從前的史，或屬於一件事的關係文書。(如尙書)或屬於各地方的紀載，(如國語戰國策)或屬於一時代的紀載。(如春秋及左傳)史記則舉其時所及知之人類全體自有文化以來數千年之總活動，冶爲一爐，自此始認識歷史爲整個混一的，爲永久相續的，非至秦漢統一後，且文化發展至相當程度，則此觀念不能發生，而太史公實應運而生，史記實爲中國通史之創始者，自班固以下，此意荒矣。故鄭

漁仲章實齋力言漢書以後斷代史之不當。雖責備或太過，然史公之遠識與偉力，則無論何人，不能否定也。（讀史記）

論述旨趣　復次史記論述之旨趣，果何在乎？曰，在發表其微言大義也。梁啓超曰：吾儕最當注意者，爲「作史而作史」不過近代史學家之新觀念。從前史家作史，大率別有一「超史的」目的，而借史實爲其手段，此在各國舊史皆然，而中國爲尤甚也。孔子所作春秋，表面上像一部二百四十年的史，然其中實孕含無數「微言大義」，故後世學者，不謂之史而謂之經。司馬遷實當時春秋家大師董仲舒之受業弟子，其作史記，蓋竊比春秋，故其自序，首述仲舒所述孔子之言曰，我欲載之空言，不如見之行事之深切著明也。其意若曰，吾本有種種理想，將以覺民而救世，但憑空發議論，難以警切，不如借現成的歷史上事實做個題目，使讀者更爲親切有味云爾。春秋旨趣既如此，則竊比春秋之史記可知。（讀史記）

至其論議，昔人頗非議之，班彪謂其論議淺而不篤，論學術則崇黃老而薄五經，序貨殖則輕仁義而羞貧窮，道游俠則賤守節而貴俗功，此其大敝傷道，所以遇極刑之咎也。（前史得失論）班固承父緒論，則謂其是非頗謬於聖人，論大道則先黃老而後六經，序游俠則退處士而進奸雄，述貨殖則崇勢利而羞貧賤，此其所蔽也。（漢書司馬遷傳贊）然晁无咎嘗謂後世愛遷者多以此論為不然，謂遷特感當世之所失，憤其身之所遭，寓之於書，有所激而為此言耳，非其心所謂誠然也。當武帝之世，表章儒術而罷黜百家，宜乎大治，而窮奢極侈，海內凋弊，反不若文景尚黃老時人主恭儉，天下饒給，此其所以先黃老而後六經也。武帝用法深刻，羣臣一言忤旨，輒下吏誅，而當刑者得以貨免。遷之遭李陵之禍，家貧無財賄自贖，交游莫救，卒陷腐刑。其進奸雄者，蓋遷嘆時無朱家之倫，不能脫己於禍，故曰士貧窘得委命，此豈非人所謂賢豪者邪。其羞貧賤者，蓋自傷特以貧故不能自免於刑戮，故曰千金之子，不死於市，非空言也。固不察其心而驟譏之，過矣。（郡齋讀書志）後世論者，或是或非，不足深究，亦不必深究也。

敘事虛實　復次：史記全書敘述，果能達其眞實之態度與否？苟能直書其事，自屬千古良史，否則將為穢史而已，何價値之有？班彪謂：誠令遷依五經之法，言同聖人之是非，意亦庶幾矣。（前史得失論）蓋有所不足於遷也。班固承永平十七年詔曰：司馬遷著成一家之言，至以自陷刑，故微文刺譏，非誼士也。（班固集引）王允謂：昔武帝不殺司馬遷，使作謗書，流於後世，方今國祚中衰，神器不固，不可令佞臣執筆。（後漢書蔡邕傳）則直以史記爲謗書，視馬遷爲佞臣矣。果爾，則馬遷固魏收之流，而史記乃魏書之倫耳。安在其爲良史也？魏帝嘗問司馬遷以受刑之故，內懷隱切，著史記非貶孝武，令人切齒。王肅對曰：司馬遷記事不虛美，不隱惡，劉向揚雄服其善敍事，有良史之才，謂之實錄。漢武帝聞其述史記，取孝景及己本紀覽之，於是大怒，削而投之，於今此兩紀有錄無書。後遭李陵事，遂下蠶室，此爲隱切，在孝武而不在於史遷也。（魏志王肅傳）允爲公論。蓋衞宏漢書舊儀注，有「司馬遷作景帝本紀，極言其短，及武帝過，武帝怒而削去之，後坐舉李陵，陵降匈奴，故下遷蠶室。有怨言，下獄死」之說。（史記集解引）故葛洪有遷發憤作史記之論。謂其以伯夷居列傳之首，以其善而無報也。爲項羽本紀，以據高位者，非關有德也。及其敍屈原賈誼，辭旨抑揚，惡事不避。然王鳴盛謂遷下蠶室，在天漢三年，後爲中書令，尊寵任職。其卒在昭帝初，距獲罪被刑，蓋已十餘年矣。何得謂下蠶室，有怨言，下獄死乎。（十七史商榷）蓋皆後附會其說，故云然耳。

章實齋曰：後人泥於發憤之說，遂謂百三十篇皆爲怨悱所激發，王允亦斥其爲謗書，於是後世論文，以史遷爲譏謗之能事，以微文爲史職之大權，或從羨慕而倣爲之，是直亂臣賊子之居心而妄附春秋之筆削，不亦悖乎。今觀遷所著書，如封禪之惑於鬼神，平準之算及商販，孝武之秕政也。後世觀於相如之文，桓寬之論，何嘗待史遷而後著哉。游俠貨殖諸篇，不能無所感慨，賢者好奇，亦洵有之。餘皆經緯古今，折衷至當，何嘗敢於訕上哉。吾則以爲史遷未敢謗上，讀者之心自不平耳。（文史通義史德）錢大昕曰：論者以謗書短之，不知史公著述意主尊漢，近斥暴秦，遠承三代，於諸表微見其旨，秦雖幷天下，無德以延其祚，不過與楚項等，表不稱秦漢之際，不以漢承秦也，各從其實，何名爲謗。且使遷而誠謗，則光武賢主，賈鄭名儒，何不聞廢其書。故知王允褊心，非通論也。（史記志疑序）揚雄曰：問太史遷，曰實錄。（法言）班固曰：自劉向揚雄博極羣書，皆稱遷有良史之材，服其善敍事理，辯而不華，質而不俚，其文直，其事核，不虛美，不隱惡，故謂之實錄。既陷極刑，幽而發憤，書亦信矣。（漢書司馬遷傳贊）司馬貞曰：其褒貶覈實，頗亞於丘明之書，（索隱序）嗚呼，此殷侑所謂三史之書，勸善懲惡，亞於六經也。所謂謗書，適足以徵其實耳。

史料剪裁　劉知幾曰：馬遷史記，採世本，國語，戰國策，楚漢春秋，此並當代雅言，事無邪僻，故能取信一時，擅名千載，（史通採撰）又曰：前漢郡國計書，先上太史，副上丞相，由是史官所修，載事為博。（史通忤時）此馬遷得時之隆也。王世貞曰：嗚呼，子長不絕也，其書絕矣。千古而有子長也，亦不能成史記，何也，西京以還，封建宮殿官司郡邑，其名不馴雅，則不稱書矣，一也。其詔令辭命奏書賦頌，鮮古文，不稱書矣，二也。其人有籍信荊聶原嘗無忌之流，足模寫乎，三也。其書有尙書毛詩左傳戰國策韓非呂不韋之書，足會蕞者乎，四也。嗚呼，豈惟子長，即尼父亦然，六經無可著手矣。（圖書集成史記部）是則遷之成為良史，固不在乎典籍一端矣。

雖然，典籍者，固史料之所從出也，烏得而不為其主因乎。馬遷取材，最重典雅，如曰：百家言不雅馴，搢紳先生難言之。又曰：不離古文者近是。（五帝本紀）又曰：擇其言尤雅馴者，載籍極博，考信六藝，詩書雖闕，虞夏可知。（伯夷傳）是則旁推曲證，聞見相參，顯微闡幽，折衷至當者矣。然班彪謂：採經摭傳，分散百家之事，甚多疎略，不如其本。務欲多聞廣載爲功，一人之精，文重思煩，故其書刊落不盡，尙有盈詞，多不齊一，若序司馬相如，舉郡縣著其字，至蕭曹陳平之屬，及董仲舒並時之人，不記其字，或縣而不郡者，蓋不暇也。（前史得失論）班固謂：採經摭傳，分散數家之事，甚多疏略，或有牴牾。（漢書司馬遷傳贊）司馬貞謂：其遠近乖張，詞義踳駁，或篇章倒錯，或贊論粗疎，蓋由遭逢非罪，有所未暇。（補史記序）又謂：雖博採古今，及傳記諸子，其間殘缺蓋多。或訪搜異聞，以成其說，然其人好奇而詞省，故事覈而文微，又或得之於名山壞宅，或取之以舊俗風謠，故其殘文斷句，難究詳矣。（史記索隱後序）鄭漁仲曰：大著述者必深於博雅，而盡見天下之書，然後無恨。當遷之時，挾書之律初除，得書之路未廣，亘三百年之史籍，而踞蹐於七八種書，所可爲遷恨者，博不足也。凡著書雖雜前人之書，必自成一家言，左氏楚人也，所見多矣；而其書皆楚人之詞。公羊齊人也，所聞多矣；而其書皆齊人之語。今遷書全用舊文，間以俚俗，良由採摭未備，筆削不遑，故曰予不敢墮先人之言，乃述故事，整齊其傳，非所謂作也。劉知幾亦譏其多聚舊記，時插新言，所可爲遷恨者，雅不足也。（通志總序）此又作者之遺憾焉。

文學技術　文學與史學，其關係至爲密切，蓋極佳之史筆，必賴極優之文詞以達之，決然無疑也。馬遷文學世多稱之。班固曰：文章則司馬遷相如。（漢書公孫宏傳贊）韓愈曰：司馬遷相如董生揚雄劉向之徒，尤所謂傑然者也。（史略引）柳宗元曰：參之太史，以著其潔，（答韋中立書）又曰：峻如馬遷。（史略引）尹陽曰：惟公之文，大肆於炎漢之間，馳騁於千世之前。其力屭屭，實幹造物。（歐陽修太史祠碑）李維楨曰：三代而下，文章之美，無如史記，即形容讚誦，何所措詞。（史記新序）茅坤曰：列傳七十，凡太史公所本戰國策者，文特嫖姚跌蕩，如傳刺客，則聶政荆軻。如傳公子，則信陵平原孟嘗。他如傳謀臣戰將，則商鞅，伍胥，蘇秦，張儀，范睢，蔡澤，呂不韋，春申，司馬穰苴，孫武，吳起，樂毅，廉頗，藺相如，趙奢，李牧，田單，白起，王翦，李斯，蒙恬、雖不盡出戰國策，而秦漢相間不遠，故文獻猶足，章章著明。太史摹畫絕佳，而伯夷屈原，則太史公所得之悲歌感慨者尤多，故又別爲變調也。王世貞曰：太史公之文有數端焉，帝王紀以己釋尚書者也，又多引圖緯子家言，其文衍而虛。春秋諸世家，以己損益諸史者也。其文暢而雜。

儀秦鞅睢諸傳，以已損益戰國者也，其文雄而肆。劉項，紀信，越傳，志所聞也。其文弘而壯，河渠平準諸書，志所見也，其文核而詳，婉而多風。刺客，游俠，貨殖諸傳，發所寄也，其文精嚴而工篤，磊落而多感慨。（圖書集成史記部）張輔亦稱遷爲蘇秦，張儀，范睢，蔡澤作傳，逞辭流離，亦足以明其大才，故述辯士則藻辭華靡，敍實錄則隱核名檢，此所以遷稱良史也。（史略引）

遷文既佳，狀物彌肖，故自劉向揚雄博極羣書，皆稱遷有良史之材，服其善敍事理。又謂其辯而不華，質而不俚，其文質，其事核。班彪謂其文質相稱。何喬新謂：如敍游俠之談，而論六國之勢，則土地甲兵以至車騎積粟之差，可爲辨矣，而莫不各當其實。是辯而不華也。敍貨殖之資，而比封侯之家，則棗栗漆竹以至籍藁鮐鮆之數，可爲質矣，而莫不各飾以文，是質而不俚也。上自黃帝，下迄漢武，首尾三千餘年，論著纔五十萬言，非文之直乎。紀帝王則本詩書，世列國則據左氏，言秦兼諸侯則採戰國策，言漢定天下則述楚漢春秋，非事之核乎。茅坤曰：案太史公所爲史記，百三十篇，除世所傳褚先生別補十一篇外，其他帝王世系，或多舛訛，法度沿革，或多遺佚，忠賢本末，或多放失。其所論大道，而折衷於六藝之至，固不能盡如聖人之旨，而要之指次古今出風入騷，譬之韓白提兵而戰河山之間，當其壁壘部曲旌旗鉦鼓，左提右挈中權後勁，起伏翺翔，悠忽變化，若一人舞劍於曲旃之上，而無不如意者，西京以來千年絕調也。即如班掾漢書，嚴密過之，而所爲疎蕩遒逸，令人讀之杳然神遊於雲幢羽衣之間，所可望而不可挹者，予竊疑班掾猶不能登其堂而洞其竅也，而況其下者乎。（俱圖書集成史記部）蓋能臻文章之絕技者也。文而至於絕技，則無往而不得其理，無往而不獲其情矣。

王維楨曰：遷史之文，或由本以之末，或操末以續巔，或繁條而約言，或一傳而數事，或從中變，或自旁入，意到筆隨，思餘語止，若此類不可毛舉，竟不得其要領。王世貞曰：檀弓考工記，孟子，左氏，戰國策，司馬遷，聖於文者乎，其敍事則化工之肖物。（俱圖書集成史記部引）洵至言也，梁啓超曰：所謂每敍一人，能將其面目活現，又極複雜之事項，例如貨殖列傳，匈奴列傳，西南夷列傳等，皆能剖析條理，縝密而清晰，其才力固自敻絕（讀史記）者，誠馬遷敍事扼要而兼美妙之文詞有以助之也。馬遷先人本掌文史之事，故極重視文學，嘗恨沒世而文采不表於後也，寧隱辱苟活幽糞土之中而不辭，其於文學之決心可知。故王西莊謂：史記意在行文，不在記事。（十七史商榷）洵爲有見。然遷文之佳處，在疏蕩有奇氣，實得諸江山之助。蘇轍曰：太史公行天下，周覽四海名山大川，與燕趙間豪傑交遊，故其文疎蕩頗有奇氣。豈嘗執筆學爲如此之文哉。其氣充乎其中而溢乎其貌，動乎其言，見乎其文，而不自知也。（上韓太尉書）馬子才曰：子長平生喜游，方少年自負之時，足跡不肯一日休，非直爲景物役也。將以盡天下大觀，以助吾氣，然後吐而爲書，觀之則其平生所嘗游者，皆在焉。南浮長淮，泝大江，見狂瀾驚波，陰風怒號，逆走而橫擊，故其文奔放而浩漫。望雲夢洞庭之陂，彭蠡之瀦，含混太虛，呼吸萬壑而不見介量，故其文停蓄而淵深。見九嶷之芊綿，巫山之嵯峨，陽臺朝雲，蒼梧暮烟，態度無定，靡蔓綽約，春粧如濃，秋飾如薄，故其文妍媚而蔚紆。泛沅渡湘，弔大夫之魂，悼妃子之恨，竹上猶有斑斑，而不知魚腹之骨尙無恙者乎，故其文感愴而傷激。北過大梁之墟，觀楚漢之戰場，想見項羽之喑啞，高帝之嫚罵，龍跳虎躍，千弓萬馬，大弓長戟，俱游而齊呼，故其文雄勇猛健，使人心悸而膽栗。世家龍門，念神禹之大功，西使巴蜀，跨劍閣之鳥道，上有摩雲之崖，不見斧鑿之痕，故其文斬絕峻拔，而不有攀躋。講業齊魯之都，覩夫子之遺風，鄉射鄒嶧，彷徨乎汶陽洙泗之上，故其文典重溫雅，有似乎正人君子之容貌。凡天地間萬物之變，可驚可愕，可以娛心，使人憂，使人悲者，子長盡取而爲文章。是以變化出沒，如萬象供四時而無窮，今於其書而觀之，豈不信矣。（圖書集成史記部引）此雖爲想像之詞，實有合乎馬遷之文，故史記者，實天地間之一大文章也。

第二 漢書

傳略

班氏祖先 班氏之先，與楚同姓，令尹子文之後也。子文初生，棄於瞢中，而虎乳之。楚人謂乳穀，謂虎於檡，故名穀於檡，字子文。楚人謂虎班，其子以爲號。秦之滅楚，遷晉代之間，因氏焉。始皇之末，班壹避地於樓煩，壹生孺，孺爲任俠，州郡歌之。孺生長，官至上谷守。長生回，以茂才爲長子令。回生況，舉孝廉爲郎，入爲越騎校尉。成帝之初，女爲倢伃，致仕就第，徙昌陵，昌陵後罷，大臣名家皆占數於長安，況生三子，伯，斿，稚。伯少受詩於師丹，大將軍王鳳薦伯宜勸學，召見宴昵殿，誦說有法，爲定襄太守，威稱神明。久之，許商爲少府，師丹爲光祿勳，伯遷水衡都尉，與兩師皆侍中。卒年三十八，朝廷愍惜焉。斿博學有俊才，左將軍史丹舉賢良方正，以對策爲議郎，遷諫大夫，右曹中郎將，與劉向校祕書，上器其能，賜以祕書之副。時書不布，自東平思王以叔父求太史公諸子書，大將軍白不許。斿亦早卒，有子曰嗣，顯名當世。穉少爲黃門郎中常侍，方直自守。哀帝卽位，出爲西河屬國都尉，遷廣平相。穉生彪，彪字叔皮，幼與從兄嗣共游學，家有賜書，內足於財，好古之士，自遠方至。父黨自揚子雲以下，莫不進門。嗣雖修儒學，然貴老嚴（嚴莊周也）之術。叔皮惟聖人之道，然後盡心焉。舉茂才，爲徐令，後數應三公之召。有子曰固（漢書敍傳）卽孟堅也。班氏在漢，世爲名臣，兼爲儒宗，家學淵源，卓爾不羣。與太史公家世相較，雖綿遠不及，而隆盛過之。可謂我國司馬氏以後第二之史學世家。

班氏世系表

令尹子文（楚人）……班壹（秦人）——孺（漢人）——長（上谷守）——回（長子令）——

況（越騎校尉）——
- 伯（侍中）
- 斿（中郎將）——嗣
- 穉（廣年相）彪（徐令）——
  - 固
  - 超
  - 昭

生平事蹟　班固字孟堅，年九歲，能屬文誦詩賦。及長，遂博貫載籍，九流百家之言，無不窮究。所學無常師，不爲章句，舉大義而已。性寬和容衆，不以才能高人，諸儒以此慕之。永平初，東平王蒼以至戚爲驃騎將軍輔政，開東閣，延英雄。時固始弱冠，乃奏記說倉蒼納之。父彪卒，歸鄉里。固以彪所續前史未詳，乃潛精研思，欲就其業。既而有人上書顯宗，告固私改作國史者，有詔下郡收固，繫京兆獄，盡取其家書。固弟超恐固爲郡所覈考，不能自明，乃馳詣闕上書，得召見，具言固所著述意。而郡亦上其書。顯宗甚奇之，召詣校書郎，除蘭臺令史，與前睢陽令陳宗，長陵令尹敏，司隸從事孟異，共成世祖本紀。遷爲郎，典校祕書。固又撰功臣平林新市公孫述事，紀列傳載記二十八篇奏之。帝乃復使終成前所著書。自永平中始受詔，潛精積思二十餘年，至建初中始成。自爲郎後，遂見親近。時京師修起宮室，濬城隍，而關中耆老，猶望朝廷眷顧，固感前世相如壽王東方之徒，造構文辭，終以諷勸，乃上兩都賦，盛稱洛邑制度之美，以折西賓淫佚之論。及肅宗雅好文章，固愈得幸，數入讀書禁中，或連日繼夜。每行巡狩，輒獻上賦頌，朝廷有大議，使難問公卿，辨論於前，賜恩寵甚渥。固自以二世才術，位不過郎，感東方朔揚雄自論，以不遭蘇張范蔡之時，作賓戲以自通焉。後遷玄武司馬。章帝會諸儒講論五經，作白虎通德論，令固撰集其事。固又作典引篇，述敘漢德，以爲相如封禪，靡而不典，揚雄美新，典而不實，蓋自謂得其致焉。固後以母喪去官。永元初，大將軍竇憲出征匈奴，以固爲中護軍，與參議。及竇憲敗，固先坐免官。固不教學諸子，諸子多不遵法度，吏人苦之。初，洛陽令种兢嘗行，固奴干其車騎，吏推呼之，奴醉罵，兢大怒，畏憲不敢發，心銜之。及竇氏賓客皆逮考，兢因此捕繫固，遂死獄中，時年六十一。（後漢書班固傳）固生於漢光武帝建武八年，卒和帝永元四年，當（西元後三十二年至九十二年），距馬遷之世，百數十年矣。（詳見拙著班固年譜）固爲班彪長子，弟超，妹昭，皆有名。漢扶風安陵人，即今陝西咸陽人也。與司馬遷同爲關內史家大家。

環境與著述　班氏家學，甚有可稱。其從祖伯受詩師丹，誦說有法，與成帝共修經書之業。斿博學有俊才，與劉向校書，能得祕藏之副。東平思王以叔父求太史公諸子書而不得，而班氏則以寵異得之，此班氏家學所由興焉。穉爲廣平相，不肯媚事莽朝，由是班氏不得顯，則其風節亦可想見矣。父彪與從父嗣共游學，家有賜書，內足於財，好古之士，自遠方至。父黨自揚子雄以下，莫不造門。當斯時也，一代學者盡集班門，洋洋乎盛哉。既爲世家，又有書財，學者遙集，宛成私家學府，無尋覓衣食之勞，有研習緒論之便，此種環境，最足以造成偉大家者，而孟堅應運而生，此受家學之影響者一也。

卽以父彪之學問德行，又大有造於孟堅者，彪性沉重好古，年二十餘，隗囂擁衆天水，彪避地河西，大將軍竇融以爲從事，深敬待之，接以師友之道。彪乃爲融畫策事漢，總河西以拒隗囂。及融徵還京師，光武問曰：所上章奏，誰與參之？對曰：皆從事班彪所爲。帝雅聞彪材，因召入見，舉司隸茂才，拜徐令，後數應三公之召。察司徒廉，爲望都長，吏民愛之。（後漢書班彪傳）孟堅自述其父謂仕不爲祿，所如不合，學不爲人，博而不俗，言不爲華，述而不作。（漢書敍傳）蓋篤厚有道君子人也。彪既才高而好述作，遂專心史籍之間。武帝時，司馬遷著史記，自太初以後，闕而不錄，後好事者頗或綴集時事，然多鄙俗，不足以踵繼其書。彪乃繼採前史遺事，旁貫異聞，作後傳數十篇，因斟酌前史而譏正得失。（後漢書班彪傳）孟堅以彪所續前史未詳，乃潛精研思，欲就其業。（後漢書班固傳）此漢書之所由作也，是則孟堅史學，全出其父。

不但此也。其得助於弟妹者，亦不淺鮮。范曄稱超有口辯，而涉獵書傳。（東觀記曰：超持公羊春秋，多所窺覽。）永平五年，兄固被詔詣校書郎，超與母隨至洛陽，家貧，常爲官傭書，以供養。久之，顯宗問卿弟安在？固對爲官寫書受直以養老母，帝乃除超爲蘭臺令史。（後漢書班超傳）則超雖以武勇著，又以文學見長，其爲令史，必能助成兄業。昭字惠班，一名姬，博學高才。世叔早卒，有節行法度。兄固著漢書，其八表及天文志未及竟而卒，和帝詔昭就東觀藏書閣踵而成之，又漢書始出，多未能通者，同郡馬融，伏於閣下，從昭受讀。（後漢書班昭傳）蓋自叔皮而下，固昭兄妹，皆專長史學。一門濟美，世莫與儔。吾國論文學者，咸知有宋眉山之三蘇矣，而鮮知有漢扶風三班之史學也。陝人舊以彪固超爲三班，爲立三班祠以祀之。（扶風縣志）然不及大家，識者憾之。謂孟堅氏有一代之書，因以存一代之人物事功典章也。孟堅氏之有功於漢，固已。獨所謂大家者，有功於孟堅氏，因以有功於漢，因以有功於天下後世。是時也，天下不乏才人，孟堅氏死，天下羣以漢書讓之大家，而不復有異言者，其班氏世業耶？其後無復傑出者耶？天下共知樽俎乎叔皮之父子兄弟，而大家不與焉。（項始震曹大家並祀班昭說）故復增祀號四班祠（鳳翔府志）云。

組織

編次　晁公武曰：後漢元武司馬班固續司馬遷史記，撰十二帝紀，八年表，十本志，七十列傳。起高祖，終於王莽之誅，二百三十九年，凡八十餘萬言。（郡齋讀書志）案固自序云：漢紹堯運，以建帝業，至於六世史臣，乃追述功德，私作本紀，編於百王之末，廁於秦項之列。太初以後，闕而不錄，故探纂前記，綴輯所聞，以述漢書。起於高祖，終於孝平帝王莽之誅，十有二世，二百三十年。綜其行事，旁貫五經，上下通洽，爲春秋考紀表志傳，凡百篇。（漢書敘傳）今本百二十卷。

漢書編次		
	帝紀十二	
	表八	一百二十卷
	志十	
	列傳七十	

本紀十二，自高祖本紀，至平帝本紀。凡十二帝，起高祖元年乙未，盡王莽地節四年癸未，合二百二十九年。

帝紀目次

帝紀第一（上下）……高祖（邦）……卷一（上下）
帝紀第二……惠帝（盈）……卷二
帝紀第三……高后（雉）……卷三
帝紀第四……文帝（恆）……卷四
帝紀第五……景帝（啓）……卷五
帝紀第六……武帝（徹）……卷六
帝紀第七……昭帝（弗陵）……卷七
帝紀第八……宣帝（詢）……卷八
帝紀第九……元帝（奭）……卷九
帝紀第十……成帝（驁）……卷十

八表，自異姓諸侯王表至古今人物表。

表目次

十志，自律歷志至藝文志。其內容併禮樂爲一志，律歷爲一志，改封禪爲郊祀，改河渠爲溝洫，改平準爲食貨，綴孫卿之辭以敍刑法，本劉向五行傳以述五行，地理本朱贛風俗，藝文取劉歆七略。

十志目次

七十列傳，自陳勝列傳至敍傳，約舉如下：列傳第一（❶陳勝❷項羽）二（❶張耳（子敖）❷陳餘）三（❶魏豹❷田儋❸韓王信）四（❶韓信❷彭越❸英布❹盧綰❺吳芮）五（❶荆王賈❷燕王澤❸英王濞）六（❶楚元王交❷劉向（子歆））七（❶季布❷欒布❸田叔）八高五王（❶齊悼惠王肥❷趙隱王如意❸趙幽王友❹趙共王恢❺燕靈王建）九（❶蕭何❷曹參）十（❶張良❷陳平❸王陵❹周勃（子亞夫））十一（❶樊噲❷酈商❸夏侯嬰❹灌嬰❺傅寬❻靳歙❼周緤）十二（❶張蒼❷周昌❸趙堯❹任敖❺申屠嘉）十三（❶酈食其❷陸賈❸朱建❹婁敬❺叔孫通）十四（❶淮南厲王長❷衡山王賜❸濟北王勃）十五（❶蒯通❷伍被❸江充❹息夫躬）十六（❶石奮❷衞綰❸直不疑❹周仁❺張歐）十七文三王（❶梁孝王武❷代孝王參❸梁懷王揖）十八（賈誼）十九（❶爰盎❷鼂錯）二十（❶張釋之❷馮唐❸汲黯❹鄭當時）二十一（❶賈山❷鄒陽❸枚乘（子皐）❹路溫舒）二十二（❶竇嬰❷田蚡❸灌夫❹韓安國）二十三景十三王（❶河間獻王德❷臨江哀王閼❸臨江閔王榮❹魯恭王餘❺江都易王非❻膠西于王端❼趙敬肅王彭祖❽中山靖王勝

❾長沙定王發❿廣川惠王越⓫膠東康王寄⓬清河哀王乘⓭常山憲王舜）二十四（❶李廣（孫陵）❷蘇建（子武））二十五（❶衞青❷霍去病　附❶李息❷公孫敖❸李沮❹張次公❺趙信❻趙食其❼郭昌❽路博德❾趙破奴））二十六（董仲舒）二十七上下（司馬相如）二十八（❶公孫宏❷卜式❸兒寬）二十九（張湯（子安世）（安世子延壽））三十（杜周（子延年）（延年子緩）（緩弟欽））三十一（❶張騫❷李廣利）三十二（司馬遷）三十三（武五子（❶戾太子據❷齊懷王閎❸燕刺王旦❹廣陵厲王胥❺昌邑哀王髆）三十四上（❶嚴助❷朱買臣❸吾丘壽王❹主父偃❺徐樂）三十四下（❶嚴安❷終軍❸王褒❹賈捐之）三十五（東方朔）三十六（❶公孫賀（子敬聲）❷劉屈氂❸車千秋❹王訢❺楊敞（子惲）❻蔡義❼陳萬年（子咸）❽鄭弘）三十七（❶楊王孫❷胡建❸朱雲❹梅福❺云敞）三十八（❶霍光❷金日磾（子安上））三十九（❶趙充國❷辛慶忌）四十（❶傅介子❷常惠❸鄭吉❹甘延壽❺陳湯❻段會宗）四十一（❶雋不疑❷疏廣（兄子受）❸于定國❹薛廣德❺平當❻彭宣）四十二（❶王吉（子駿孫崇）❷貢禹❸龔勝❹龔舍❺鮑宣　附

（①唐林②薛方））四十三（韋賢（子玄成））四十四（①魏相②丙吉）四十五（①眭弘②夏侯始昌③夏侯勝④京房⑤翼奉⑥李尋）四十六（①趙廣漢②尹翁歸③韓延壽④張敞⑤王尊⑥王章）四十七（①蓋寬饒②諸葛豐③劉輔④鄭崇⑤孫寶⑥毋將隆⑦何並）四十八（蕭望之（子育　咸　由））四十九（馮奉世（子野王　逡　立　參））五十宣元六王（①淮陽憲王欽②楚孝王囂③東平思王宇④中山哀王竟⑤定陶共王康⑥中山孝王興）五十一（①匡衡②張禹③孔光④馬宮）五十二（①王商②史丹③傅喜）五十三（①薛宣②朱博）五十四（翟方進（子宣　義））五十五（①谷永②杜鄴）五十六（①何武②王嘉③師丹）五十七上下（揚雄）五十八儒林（①丁寬②施讎③孟喜④梁丘賀⑤京房⑥費直⑦高相⑧伏生⑨歐陽生⑩林尊⑪夏侯勝⑫周堪⑬張山拊⑭孔安國⑮申公⑯王式⑰轅固⑱后蒼⑲韓嬰⑳趙子㉑毛公㉒孟卿㉓胡毋生㉔嚴彭祖㉕顏安樂㉖瑕丘江公㉗房鳳）五十九循吏（①文翁②王成③黃霸④朱邑⑤龔遂⑥召信臣）六十酷吏（①郅都②寧成（周陽由）③趙禹④義縱⑤王溫舒⑥尹齊⑦楊僕⑧咸宣⑨田廣明⑩田延年⑪嚴延年

⑬尹賞）六十一貨殖（①范蠡②子贛③白圭④猗頓⑤烏氏贏⑥巴寡婦清⑦蜀卓氏⑧程鄭⑨宛孔氏⑩丙氏⑪刁間⑫師史⑬宣曲任氏）六十二游俠（①朱家（楚田仲）②劇孟（王孟）③郭解④萬章⑤樓護⑥陳遵⑦原涉）六十三佞幸（①鄧通②趙談③韓嫣④李延年⑤石顯⑥淳于長⑦張放⑧董賢）六十四上下（匈奴）六十五（①西南夷②南粵王③閩粵王④朝鮮）六十六上下（西域）六十七上下（外戚）六十八（元后）六十九上中下（王莽）七十上下（敘傳）

列傳目次（一）

列傳第六十五……………………西南夷等……………………卷九十五
列傳第六十六（上下）……………西域……………………卷九十六（上下）
列傳第六十七（上下）……………外戚……………………卷九十七（上下）
列傳第六十八……………………元后……………………卷九十八
列傳第六十九（上中下）…………王莽……………………卷九十九（上中下）
列傳第七十（上下）………………敍傳……………………卷一百（上下）

讀書叢錄云：隋書經籍志漢書一百一十五卷，太山太守應劭集解。案敍傳班固原目百卷，今本一百二十卷。蓋顏師古集注，又分高帝紀，王子侯表，百官公卿表，歷律志，郊祀志，地理志，司馬相如傳嚴安以下，揚雄傳，匈奴傳，敍傳爲二卷，王莽傳爲三卷，五行志爲五卷，視應劭本，又多五卷。梁書陸倕傳嘗借人漢書，失五行志四卷，顏本作五卷。

班彪前史得失論 班彪作後傳數十篇以續史記，其書不可得見，然其緒論可以略得其概。其於史記述事，頗有是非，至其體例但改世家爲列傳而已。今本漢書體例，蓋承彪本之舊也。彪之言曰：孝武之世，太史令司馬遷採左氏國語，刪世本戰國策，據楚漢列國時事，上自黃帝，下訖獲麟，作本紀世家列傳書表凡百三十篇而十篇缺焉。遷之所記，從漢元至武以絕，則其功也。至於採經摭傳，分散百家之事，甚多疎略，不如其本，務欲以多聞廣載爲功，論議淺而不篤。其論術學，則崇黃老而薄五經；序貨殖，則輕仁義而羞貧窮；道游俠，則賤守節而貴俗功，此其大敝傷道，所以遇極刑之咎也。然善敍事理，辨而不華，質而不野，文質相稱，蓋良史之才也。誠令遷依五經之法言，同聖人之是非，意亦庶幾矣。司馬遷序帝王，則曰本紀；公侯傳國，則曰世家；公卿特起，則曰列傳。又進項羽陳涉而黜淮南衡山，細意委曲，條例不經。若遷之著作，採獲古今，貫穿經傳，至廣博也。一人之精，文重思煩，故其書刊落不盡，尚多盈詞，多不齊一，若序司馬相如，舉郡縣，著其字，至蕭曹陳平之屬，及董仲舒並時之人，不記其字，或縣而不郡者，蓋不暇也。今此後篇，愼覈其事，整齊其文，不爲世家，唯紀傳而已。傳曰：殺史見極，平易正直，春秋之義也。（後漢書班彪傳。）

漢書因續　史通：史記所書，年止漢武，太初已後，闕而不錄，其後劉向，向子歆，及諸好事者，若馮商，衞衡，揚雄，史岑，梁審，肆仁，晉馮，段肅，金丹，馮衍，韋融，蕭奮，劉恂等，相次撰續，迄於哀平間，猶名史記。至建武中司徒掾班彪，以爲其言鄙俗，不足以踵前史，又雄歆褒美僞新，誤後惑衆，不當垂之後代者也。於是採其舊事，旁貫異聞，作後傳六十五篇。其子固以父所撰未盡一家，乃起元高皇，終乎王莽，十有二世，二百三十年。綜其行事，上下通洽，爲漢書紀表志傳百篇。其事未畢，會有上書云固私改作史記者，有詔京兆收繫，悉錄家書封上，固弟超詣闕自陳，明帝引見，言固續父所作，不敢改易舊書，帝意乃解，卽出固，徵詣校書，受詔卒業，經二十餘載，至章帝建初中乃成。固後坐竇氏事，卒於洛陽獄，書頗散亂，莫能綜理，其妹曹大家博學能屬文，奉詔校敍。又選高才郎馬融等十人，從大家受讀。其八表及天文志等猶未克成，多是待詔東觀馬續所作，而古今人表，尤不類本書。（正史篇）然則吾人今日所讀之漢書，固非純出固手矣。

取材藍本　固書承父而作，其內含有彪所撰史文固無疑問。而葛洪謂固書全取劉子駿漢書，其前末之聞也。洪之言曰：洪家世有劉子駿漢書一百卷，無首尾題目，但以甲乙丙丁紀其卷數。先父傳之，歆欲撰漢書，編錄漢事，未得締構而亡，故書無宗本，止雜記而已。失前後之次，無事類之辨。後好事者，以意次第之，始甲終癸爲十帙，帙十卷，合爲百卷。洪家具有其書，試以此記考校班固所作，殆是全取劉書，有小異同耳。固所不取，不過二萬許言。今抄出爲二卷，名曰西京雜記，以裨漢書之闕爾。（西京雜記序）明黃省曾曰：「漢之西京，惟固書爲該練，非固之能爾，亦其所資者善也。仲尼約之寶書，馬遷鳩諸國史，因本而成，在古皆然也。暇得葛洪氏西京雜記讀之，云爲劉子駿所撰，以甲乙第次百卷，考比固作，殆是全取劉書，有小異同耳。洪又抄集固所不錄者二萬許言，名曰西京雜記，予於是始知固之漢書，蓋根起於子駿也。乃遡憶其所不錄之故，大約有四，則猥頓可略，閑漫無歸，與夫杳昧而難憑，觸忌而須諱者也。其猥頓者，則霍妻遺衍之類是也。其閑漫者，則上林異植之類是也。其杳昧者，則宣獄佩鏡，秦庫玉燈之類是也。而其觸忌者，則慶郎趙后之類是也。凡若此者，披金置沙，法所删棄矣。至於乘輿大駕儀在典章，鮑董問對，言關理奥，亦皆擯落而無採，宜書而不書者何也？（西京雜記序）是則固書削删舊史，詳略去取，亦大醇而小疵者矣。王鏊因推論之，謂班固實史才，然他文如文選中所載，多不稱，何其長於史而短於文，乃觀葛洪所云，乃知漢書全取於歆也。然劉知幾曰：班固漢書，全同太史，自太初以後，又雜引劉氏新序，説苑，七略之辭，此並當代雅言，事無邪僻，故能取信一時，擅名千載，（史通採選）則謂全取歆書者，亦未可信也。

鄭樵詆班固浮華無學，不稱著作，而譏其書爲剽竊，其言曰：「班固浮華之士，全無學術，專事剽竊。肅宗問以制禮作樂之事，固對以在京諸儒，必能知之，倘臣鄰皆如此，則顧問何取焉。及諸儒各有所陳，惟竊叔孫通十二篇之儀，以塞白而已。倘臣鄰皆如此，則奏議何取焉。肅宗知其淺陋，故語竇憲曰：公愛班固而忽崔駰，此葉公之好龍也。如此人才，將何著述。自高祖至武帝，凡六帝之前，盡竊遷書，不以爲慚，自昭帝至平帝，凡六世之後，資於賈逵劉歆，復不以爲恥。況又有曹大家終篇，則固之自爲書也幾希，往往出固之胸中者，古今人表耳。他人無此謬也。後世衆史修書，道旁築室，採人之文，竊鐘掩耳，皆固之作俑也。（通志總序）戴明曰：漢書自高至武六帝以前，盡竊乎遷。卽變書爲志，如封禪則因於郊祀，平準則本於食貨，百官則因於百官公卿表，旣失之同。自昭至平六帝之事資於賈逵劉歆。太初以後，其父成之。八表天文志，其妹補云，固之自爲者無幾矣。章實齋則謂世之譏班固者，責其孝武以前之襲遷書，以盜襲而無恥，此則全不通乎文理之論。（文史通義言公）趙翼謂：漢書孝武以前紀傳多用史記文，而卽以爲己作，未嘗自言引用史遷云云，所引過秦論及戰國策陸賈新語之文，亦卽以爲自作，未嘗自言引用某人，蓋古人著述，往往如此，不以抄襲爲嫌也。（二十二史箚記）蓋史者本以刪述爲能事，古人不以文辭爲自私，史文又不可憑虛而別構，故曰述而不作。晁公武曰：識者以固書皆因司馬遷，王商，揚雄，歆向舊文潤色之，故其文章首尾皆善而中間頗冗長，良由固之才視數子微劣耳。固之自敍稱述者，豈亦謂有所本歟。（郡齋讀書志）可謂能見其大矣。

且著述云者，貴能成一家之言耳，雖曰刪述，各有其至焉。有其至，斯能成其學矣，不必問其文辭之果出於己否也。王世貞曰：孟堅亡後，世其無史哉，非無史也，夫人而無能爲史也。所以無能爲史者何？夫孟堅之爲史也，非盡孟堅史也。後元而前，太史公共之矣。始元而後，叔皮共之矣。志有十大家共之矣。夫志固無論其他若紀傳，或繁而損，或略而益，或因而裁，或樸而潤，微孟堅疇所折衷哉。（漢書評林序）此貴獨至之說也。著述云者，貴能網羅散失，犂然可覩，以保存其文獻而已，非斤斤於文辭之謂也。王宗沐曰：自古帝王，經綸一代之迹，其制作更革，謩識必有所託以傳於後世，則史是也。班固父子相繼纘續，作爲漢書，自天文輿圖物產兵食刑法科制煩夥具備，治亂端末宛在指掌，彼以其累世之勤，且得藉金匱及親覽記之術，而又以其古雅奇麗之作，發其幽而誅其違。孔子於夏殷，以文獻不足徵爲嘆，則西漢之典章號爲完備，足以師示後代者，謂非固之書是賴歟。（漢書評林序）章實齋曰：班固因洪範之傳而述五行，因七略之書而敍藝文，班氏未嘗深於災祥，精於校讎也。而君子以爲班氏之刪述，其功有補於馬遷，又美班氏之刪述，善於因人而不自用也。蓋以漢書爲廟堂諸家學術，比於大鏞卉鼓，鼓之陳也。（文史通義黠陋）此貴網羅之說也。論者謂「固書敍事典贍，亦自成一家之言」，則爲史之責任已盡，其餘更何論耶。

作史年歲　班氏作史年歲，據陳漢章言，前後凡二十五年，始永平元年戊午，終建初七年壬午。本傳云固自永平中受詔，潛精積思二十餘年，至建初中乃成。自永平五年至建初六年爲二十年。建初只八年，若以建初六年成，正二十年，不當有餘，在建初末，不當曰中，故漢書以建初七年成，固年已五十一歲矣。（馬班作史年歲考）

趙雲崧曰：漢書武帝以前紀傳表，多用史記文，其所撰述，不過昭，宣，元，成，哀，平，王莽七朝，君臣事蹟。且有史遷創例於前，宜其成之易易。乃考其始末，凡經四人手，閱三四十年始成完書，然後知其審訂之密也。據後漢書班固傳，固父彪接遷書太初以後，繼採遺事，旁貫異聞，作後傳數十篇，是彪已有撰述也。固以父書未詳，欲就其業，會有人告其私改國史，明帝閱其書而善之，使固終成之。固乃起高祖，終於孝平王莽之誅，十有二世，二百三十年，爲紀表志凡百篇。自永平始受詔，積二十餘年，至建初中乃成，是固成此書，已二十餘年矣。其八表及天文志尚未就，而固已卒。和帝又詔其妹昭就東觀藏書閣踵成之，是固所未成，又有妹爲之卒業也。漢書始出，多未能通，馬融伏於閣下，從昭受讀。後又詔融兄續繼昭成之，是昭之外，又有馬續也。百篇之書，得之於史遷者，已居其半，其半又經四人之手而成。其後張衡又條上漢書與典籍不合者十餘事。盧植，馬日磾，楊彪，蔡邕，韓說等校書東觀，又補續漢記，則是書亦有未盡善者，益信著書之難也。（二十二史箚記）

漢書名目 漢書敍傳云：「綴輯所聞，以述漢書。」是則「漢書」之名詞，乃班氏所自定。劉知幾曰：漢書家者，其先出於班固。馬遷撰史記，終於今上，自太初已下闕而不錄，班彪因之，演成後記，以繼前編。至子固乃斷自高祖，盡於王莽，爲十二紀，十志，八表，七十列傳，勒成一史，目爲漢書。昔虞夏之典，商周之誥，孔氏所撰，皆謂之書。夫以書爲名，亦稽古之偉稱。自東漢以後，作者相仍，皆襲其名號，無所變革。惟東觀曰記，三國曰志，然稱謂雖別，而體制皆同。（史通六家）又曰：子長史記，別䝉八書，孟堅旣以漢爲書，不可更標書名，改書爲志，義在互文。（史通題目）又曰：推而論之，其編年月者，謂之紀，列紀傳者，謂之書。取順於時，斯爲最也。（史通題目）是則書之取義，可以見矣。而加以前字，則以別於後也。金樓子（梁元帝撰）聚書篇又使孔昂寫得前漢，後漢，史記，三國志，晉陽秋，莊子，老子，時後方離騷等六百三十卷。漢書加前字，已見於此矣。至其卷目，亦頗有不同，列之如次：

漢書敍傳：春秋考紀表志傳百篇。

隋書經籍志：漢書一百一十五卷，注：漢護軍班固撰。太山太守應劭集解。

宋史藝文志：班固漢書一百卷，注：顏師古注。

通志藝文略：漢書一百二十卷，注：顏師古注。

四庫總目：漢書一百二十卷，漢班固撰。

漢書流傳　班固撰漢書，其妹昭續成之，始本具後漢書本傳。是書歷代寶傳，咸無異論。惟南史劉之遴傳云，鄱陽嗣王範得班固所撰漢書眞本，獻東宮皇太子。令之遴於張纘、到溉、陸襄等參校異同，之遴錄其異狀數十事。以今考之，則語皆謬妄。據之遴云，古本漢書稱永平十六年五月二十一日己酉郎班固上，而今本無上書年月日子。案固自永平受詔修漢書，至建初中乃成。又班昭傳云；八表及天文志未竟而卒，和帝詔昭就東觀藏書踵成之。是此書之次第續成，事隔兩朝，撰非一手。之遴所見古本，既有紀表志傳，乃云總於永平中表上，殆不考成書之年月也。之遴又云，古本敍傳號爲中篇，今本爲敍傳。又今本班傳載班彪行事，而古本云彪自有傳。夫古書序皆載有卷末，固自述作書之意，故謂之敍，追溯祖父之事迹，故謂之傳。後世史家皆沿其例。之遴謂原作中篇，文繫篇末，中字竟何義也。至云彪自有傳，語尤荒誕。彪在光武之世，舉茂才爲徐令，以病去官，後數應三公之召，實爲東漢之人，惟附於敍傳，故可於況伯斿穉之後，評其生平。若自爲一傳，列於西漢，則斷限之謂何。奚不考敍傳所云，起元高祖，終於孝平王莽之誅乎。之遴又云，今本紀及表志列傳不相合爲次，總成三十八篇。案固自言紀表志傳凡百篇，篇卽卷也，是不爲三十八卷之明證。又言述紀十二，述表八，述志十，述列傳七十，是各爲次第之明證。且隋志作一百十五卷，今本作一百二十卷，皆以卷帙太重，故折爲子卷，（今本紀分一子卷，表分二子卷，志分八子卷，傳分九子卷）若併爲三十八卷，則卷帙更重，古書著之竹帛，殆恐不可行也。之遴又云，今本外戚在西域後，古本次帝紀下，又今本高五子文三王景十三王孝武六子宣元六王，雖在諸傳中，古本諸王，悉次外戚下，在陳項傳上。夫紀表志傳之序，固自言之，如之遴所述，則傳次於紀，而表志反在傳後，且諸王旣以代相承，宜總題諸王傳，何以敍傳作高五王傳第八，文三王傳第十七，景十三王傳第二十三，武五子傳第三十二，宣元六王傳第五十耶。且漢書始改史記之項羽本紀陳勝世家爲列傳，自應居列傳之首，豈得揭在諸王之後。其述外戚傳第六十七，元后傳第六十八，王莽傳第六十九，明以王莽之勢，成於元后。史家微意寓焉。若移外戚傳次於本紀，是惡云史法哉。之遴又引古本述云，淮陰毅毅，仗劍周章，邦之傑子，實惟彭英，化爲侯王，雲起龍驤，然今芮尹江湖句，有張晏注，是晏所見者，卽是今本，況之遴傳所云獻太子者，謂昭明太子也。文選載漢書述贊云，信惟餓隸，布實黥徒，越亦狗盜，芮尹江湖，雲起龍驤，化爲侯王，無今本同。是昭明亦知之遴所謂古本者不足信矣。（四庫總目正史類）趙翼曰：所云今本，蓋卽梁代所行，與今刻不異。至其改古本爲今本，則不知起於何時，蓋卽其妹續成時所重爲編次耳。宋景文校刊時，其所校舊本內，尙有曹大家本卷帙，文字皆與今同，則今本卽曹大家所定無疑也。（陔餘叢考）陳漢章謂南史劉之遴傳稱眞本漢書題永平十六年五月二十一日己酉上，今本無上書年月，趙雲崧遂以今本爲其妹所改。案列女傳兄固著漢書八表天文志未及竟而卒。劉之遴所稱眞本，自有紀十二，表八志十，列傳七十，相合爲次，總三十八卷。明非班昭所續之本。（班馬作史年歲考）王鳴盛曰：考劉所云今本者，與今刻不異，既編次體例，若是之參錯，則字句異者，亦必甚多，乃僅舉韓彭敍述數句，恐之遴等亦未能全校耳。云外戚次帝紀，外，諸王次外戚下，在陳項傳上云云，一似古本無表志者。其實則外戚在表志後，諸王在外戚後，陳項上耳。不以文害辭可也。今漢書一百二十卷，而古本只三十八，中又有音義一卷，則古本卷甚大，其併合如何已無考，而音義在三十七，則敍傳當居末而無音義也。（十七史商榷）自漢張霸始撰僞經，至梁人於漢書復有僞撰古本，然一經考記，紕繆顯然。其不足徵信，與僞撰史記眞本相同。王楙謂：前輩論作史，諸王合自敍一處，如陳書唐書之類，正得其例，然往往多混於諸傳之中，其體蓋祖班固西漢之作，不知班史以諸王雜於諸傳之間者，蓋今本爾，古本班史，正自別作一處。（漢書評林）則正受古本之愚，學者不可不察焉。

漢書版本　莫友芝云：漢書一百二十卷，漢班固撰，其妹昭續成之。唐顏師古注。南監嘉靖九年張邦奇，江汝璧校刊。北監本，殿本，汲古閣本無三劉說。與明汪文盛刊本並善。

歐陽鐸本　田汝成重刊歐陽本　明德藩最樂軒本　嘉靖己酉福建按察周采提學副使周琉柯喬等同校刊，卽修汪本耳。　鷺洲書院大字本始刊於南宋，畢工於元至正間，半頁八行，行大字十六字，小字二十一，較景祐本尤爽目。　內府有宋景德刊本，　昭文張氏有宋元板工部，　宋湖提舉鹽茶司，小字本每半頁十四行，行二十七至二十九字不等，注行三十三至三十五字不等。避諱至愼字，蓋孝宗時刊本。　黃丕烈有宋景祐二年刊本云，以校注毛二本多異。　吳騫有不全宋本列傳十四卷。每頁十六行，行十六字。　宋刊元修本，每頁二十行，行十九字，注二十五字至二十八字不等，板心注補刊年號。　元太平路新刊漢書，有太平路儒學敎授孔文聲跋云，用板二千七百七十五，始大德乙巳仲夏，終十有二月二十四日，上二種張金吾書目記。　北宋官刊漢書，始於淳化，後有景德元年刊本，景祐二年刻本，熙寧二年刻本。宋景文所據以校者，卽景祐本也。其原刻至今猶有存在，但景文校漢書，無意改之字，如有所疑，卽云某當作某。豈料後人屢經傳刊，竟據以改字，是景文之罪人也。此本猶刊於北宋，而改已多，惜哉。不然，何有熙寧以後刊本，反與景文意合耶。卷中避敬殷恆等字外，尚有貞字係仁宗嫌名。屬字眞宗嫌名，煦字係哲宗諱，此後桓愼等字不復避，爲哲徽間刊本可知。宣和六年國子監校刊漢書，疑卽此本，然無跡可求。宋刊漢書以此爲中乘，尙有紹興六年刊本，當自鄶以下矣。 此鐵樵宋筆記語，其前有一行云蘇州汪氏有宋景祐刊本一百卷，另卷有宋末一百卷補溝洫藝文志，未審其記者，卽汪氏本否。 宋犖有百衲本，歸季滄葦，近入桐鄉汪氏，轉歸楊至堂。 袁漱六有宋慶元劉之問刊本；卽殿本所從出。

宋景文校定漢書參校諸本：

古本： 顏師古未注以前本。

唐本： 張唐公家所得唐本。

江南本： 金坡遺事「太祖平江南，賜本院書三千卷，皆紙札精妙。」東原榮氏私記「江南本，宣和間尙在御府，故流傳人間。初外氏先君丁希韓通籍睿思殿，因見江南本，愛賞之，無緣借出參校，遂以薄紙分手抄錄。及歸，各寫於家本，幾年而後畢。」

舍人院本： 江南本在舍人院，亦曰舍人院本。

淳化本：國朝會要（指宋言）「淳化五年七月，詔選官分校史記前後漢，命陳充，阮思道，尹少連，趙況，趙安仁，孫何校前後漢，畢，遣內侍裴愈賫本就杭州鏤板。」

景德監本：國朝會要「咸平中，眞宗命刁衎，晁迥與丁遜覆校兩漢書板本，迥知制誥，以陳彭年同其事。景德二年七月，衎等上言漢書歷代名賢注釋，至有章句不聞，名氏交錯，除無考據外，博訪羣書，遍觀諸本，校定凡三百四十九卷，簽正三千餘字，錄爲六卷以進。」

景祐刊誤本：景祐元年九月，祕書丞余靖上言：國子監所印兩漢書文字舛譌，恐誤後學，臣謹參括衆本，旁據他書，列而辨之，望行刊正。詔選翰林學士張觀等詳定聞奏。又命國子監直講王洙與靖偕赴崇文院讎校。二年九月，校書畢，凡增七百四十一字，損二百一十二字，改正一千三百三十九字。

我公本：今不詳何人。

燕國本：

曹大家本：

陽夏公本：

晏本：

郭本：

姚本：

浙本：

閩本：

右十六家

慶元校定漢書參校諸本：

宋景文公本：

熙寧本　熙寧二年，參知政事趙抃進新校漢書五十册，及陳繹所著是正文字七卷。

卷子古本：

史館本：

舊本：

國子監本：

宣和六年本：

陳和叔本：　熙寧中所校。

邵文伯本：　用景文本校。

謝克念本：　用景文本校。

楊伯時本：　用謝本校。

李彥中本：　用楊本校

張集賢本：　張懷德唐世本校。

王性之本：　用景德中監本校。

趙德莊本：　用祕閣本校。

沈公雅本：　用祕閣本校。

王宣子本　用祕閣本校。

右十七家

明凌稚隆云：漢書本亡慮數十家，景祐間，嘗用諸本參訂之。已而宋景文公仍以景祐本參諸本而校之。而慶元所刻，又復以宋景文公本合景祐諸本而重校焉。前輩用心亦密矣。乃今歷三百餘年所傳寫既久，訛以踵訛，以故魯魚茲甚，非前輩之疎也。（漢書評林）王鳴盛云：漢書自師古注後，傳本不一，宋仁宗景祐二年，祕書丞余靖爲刊誤，備列先儒姓名二十五人。師古所列二十三人外，添師古及張泌也。余靖之後，又有宋景文祁校本，凡用十六本參對而成。建安板即用景文本爲正。又別采入諸家辨論，凡十四家，刻於寧宗慶元中。既冠師古敍例於前，又附余靖宋祁原校所采先儒姓名書目之同。又稱景文所據爲十五家，按其目實十六，殆因江南本原係宋平江南所得，而舍人院本即江南本之藏舍人院者，一本二目，故併稱之。三劉刊誤出劉敞與其弟攽其子奉世撰。兩漢皆有三劉評論，雖與宋祁同時，而祁卻未采。今書已亡，賴劉之同采之得全存。毛氏汲古閣板於顏注外，僅存張泌等五條，其餘盡去之，不知監板所據之建安板爲該備。（十七史商榷）齊召南曰：自唐以前書皆手寫，而對校極精，譌脫相承，無過數處。其有板本自宋淳化中命史官分校三史始也。以人人共習之漢書，又經師古注釋旨趣畢顯，校者似易爲力。乃自淳化歷景德，景祐，熙寧百年之中，三經覆校。當時名儒碩學，刁衎，晁迥，余靖，王洙所奏刊正增損之條，累百盈千，積成卷帙，三劉刊誤又別爲書，陳繹是正文字，又在宋祁之後，亦足以徵善本難得，在北宋時已然矣。況自宋至明，刻本愈雜。學士家校讎之精，遠不如北宋以前者哉。若國子監本所存明人舊板，於顏注所引二十家之說，十删其五。於慶元所附三劉宋祁諸家之說，十存其一。即本書正文字句，亦多譌脫，則尤板本之至陋者已。乾隆四年奉敕校刊經史，於是書尤加詳愼。遍搜館閣所藏數十種，及李光地何焯所校，再三讎對。凡監本脫漏，並據慶元舊本，稍還古人之舊。（前漢書考證跋語）

條例

總述　自司馬遷史記創爲五體，本紀紀年，世家傳代，表以正歷，書以類事，傳以著人。而班固因之，固自序以為唐虞三代詩書所及，世有典籍，故雖堯舜之盛，必有典謨之篇，然後揚名於後世，冠德於百王，故曰巍巍乎其有成功，煥乎其有文章也。為春秋考紀表志傳凡百篇。李賢注後書引前書音義曰：春秋考紀謂帝紀也，言考覈時事具四時以立言，如春秋之經。師古曰：春秋考紀，謂帝紀也，而俗之學者不詳此文，乃云漢書一名春秋考紀，蓋失之矣。劉奉世曰：顏說亦非也。考成也，言以編年之故而後成紀表志傳。是則班氏之書僅紀表志傳，删世家而存紀傳，陳勝項籍俱載列傳中，與史記異例，而其父彪為之條例者也。

本紀得失　劉知幾曰：自古王室雖微，天命未改，故臺名逃責，尚曰周王，君未繫頸，且云秦國。況神璽在握，火德猶存，而居攝建年，不編平紀之末，孺子主祭，咸著莽傳之中，遂令漢餘數歲湮沒無聞，求之正朔，不亦厚誣。（史通編次）此言莽元宜革而班史莽傳竟書其年，其失為甚。章實齋謂紀之與傳，古人所以分別經緯，初非區別崇卑，班書自序稱十二紀為春秋考紀，意可知矣。（文史通義永清縣志恩澤傳敍例）是則編紀繫事在乎主政，莽雖人臣，實執其政，用以紀年，較為便適，非可厚非。知幾又曰：劉軌思商榷漢書，雅重班才，惟譏其本紀不列少帝，而輒編高后案弘非劉氏，而竊養漢宮，時天下無主，呂氏稱制，故借其歲月寄以編年，而野雞行事自具外戚。譬夫成爲孺子史刊攝政之年，厲亡流彘歷紀共和之日，而周召二公各世家有傳班氏式遵曩例，殊合事宜，豈謂雖濬發於巧心，反受嗤於拙目也。（史通鑒識）蓋班氏編紀實貫一例，孺子之與少帝，猶王莽之與呂后耳。然識呂后以婦人稱制，事同王者，班氏次其年月，雖與諸帝同編，而紀其事迹，實后妃齊貫，（史通雜說中）則亦有損紀綱之意耳。至其降項羽本紀爲列傳，則頗爲知幾所稱道。知幾以項羽僭盜而死，未得成君，求之於古，則齊無知衞州吁之類也。安得諱其名字，呼之曰王者也。春秋吳楚僭擬，書如列國，假使羽竊帝名，正以抑同羣盜。況其名曰西楚，號止霸王者乎。（史通本紀）劉氏之意，以羽僅得與勝廣輩同傳，立之本紀非其倫，而班書適符其例焉。

表歷得失　劉知幾嘗以史記列表成其煩費，既而班東二史（原注東謂東觀漢記）各相祖述。迷而不悟，無異逐狂。（史通表歷）此論之偏無俟煩言。而劉氏於班書摘指最深者，莫如古今人表一篇。其言曰：始在總角，讀班謝兩漢，便怪前書不應有古今人表，後史宜爲更始立紀，其後見張衡范曄集，果以二史爲非。（史通自序）又曰：異哉，班氏之人表也。區別九品，網羅千載，論世則異時，語姓則他族，自可方以類聚，物以羣分，使善惡相從，先後爲次，何藉而爲表乎。且其書上自庖犧，下窮嬴氏，不言漢事，而編入漢書，鳩居鵲巢，蔦施松上，附生疣贅，不知剪裁，何斷而爲限乎。（史通表歷）又曰：厥類衆夥，宜爲流別，而不能定其同科，申其異品。用使蘭艾相雜，朱紫不分，是誰之過歟。蓋史官之責也。案班書古今人表仰包億載，旁貫百家，分之以三科，定之以九等，其言甚高，其意甚愜。及至篇中所列，奚不類於其敍哉。若孔門達者，顏稱殆庶，至於他子，難爲等差，今乃先伯牛而後曾參，進仲弓而退冉有，（原注：伯牛仲弓並在第二等，曾參冉有並在第三等。）求諸折衷，厥理無聞。又楚王過鄧，三甥請殺之，鄧侯不許，卒亡鄧國，今定鄧侯入下愚之上。（原注即第七等）夫寧人負我，爲善獲戾，持此致尤，將何勸善。如謂小不忍亂大謀，失於用權，故加其罪，是則三甥見機而作，決在未萌，自當高立標格，寘諸雲漢，何得止與鄧侯鄰伍，列在中庸下流而已哉。（原注：三甥皆在第六等。）又其敍晉文之臣佐也，舟之僑爲上，陽處父次之，士會爲下。（原注：舟之僑在第三等，陽處父在第四等，士會在第五等。）其述燕丹之賓客也，高漸離居首，荊軻亞之，秦舞陽居末。（原注：高漸離在第四等，荊軻在第五等，秦舞陽在第六等。）斯並是非瞀亂，善惡紛拏，或珍瓴甋而賤璠璵，或策駑駘而捨騏驥，以茲爲監，欲誰欺乎。（史通品藻） 又曰：班氏之古今人表，唯以品藻賢愚，激揚善惡爲務爾。旣非國家遞襲祿位相承，而亦複與重行夾書細字，比於他表，殆非其類歟。蓋人列古今本殊表限，必悋而不去，則宜以志名篇。始自上上，終於下下，並當明爲標榜，顯列科條，以種類爲篇章，持優劣爲次第。仍以每篇後云右若干品，凡若干人，亦猶地理志肇述京華，末陳邊塞，先列州郡，後言戶口也。（史通雜說上） 蓋劉氏所深致其不滿於人表者一以其無限斷，與漢代不符也。再則譏其淆善惡無以品其上下也。鄭漁仲則謂：史記一書，功在十表，猶衣裳之有冠冕，水木之有本源。班固不通旁行，卻以古今人物强立差等。（通志總序）

雖然，人表固非體矣，然古今人名得具見於方寸之內，則亦未始非淸爽眉目之一助也。且稽其姓氏，不能周知，非有此表，安從考覈。以云稽古，亦非無功。學者固不可因咽而廢食矣。且百官公卿表，則極爲章實齊所稱賞，謂其能以簡馭繁也。其言曰：夫立例不精，而徒爭於記載之難約，此馬班以後所以書繁而事闕也。班氏百官之表，卷帙無多，而所載詳及九卿，唐宋宰輔之表，卷帙倍增，而所載止盡於丞弼。非爲古史事簡而後史事繁也。蓋以班分類附之法，不行年經事緯之中，宜其進退失據，難以執簡而馭繁也。案班氏表列三十四官，格止一十四級，或以沿革並注首篇，（相國丞相奉常太常之類）或以官聯共居一格，（大行令大鴻臚同格左馮翊京兆尹同格之類）篇幅簡而易省，事類從而易明，故能使流覽者按簡而無復遺逸也。（文史通義永淸縣志職官表序）而鄭樵謂：太史公括囊一書，盡在十表，班固不達其旨，後史因以失傳史之十表，遂爲荒唐之學。（通志年譜序）則不免言之甚矣。

書志得失　劉知幾曰：原夫司馬遷曰書，班固曰志，名目雖異，體統不殊。於其編目，則有前曰平準，（史記中名）後云食貨；（漢書改名）古稱河渠，（史記中名）今稱溝洫，（漢書改名）或名非而物是，或小異而大同，但作者愛奇，恥於仍舊，必尋源討本，其歸一揆焉。若乃五行藝文，班補子長之闕，此則自我作故，出乎胸臆，求諸歷代，不過一二者焉。（史通書志）而鄭樵則謂：志之大原，起於爾雅，班固之志，皆詳於浮言，略於事實，不足以盡爾雅之義。（通志總序）而章實齋則謂：子長八書，孟堅十志，綜核典章，包涵甚廣。（文史通義答甄秀才論修志書）蓋雖有小疵，不足掩其大醇也。

漢書十志中，劉知幾頗以天文，藝文，五行三志爲非，而鄭漁仲章實齋，則俱不滿於地理一志。劉氏之論天文也，曰：夫兩曜百星麗於玄象，非如九洲萬國廢置無恆，故海田可變，而景緯無易，古之天猶今之天也，今之天卽古之天也，必欲刊之國史，施於何代不可也。但史記包括所及，區域綿長，故書有天官。讀者竟忘其誤，權而爲論，未見其宜。班固因循，復以天文作志，志無漢事而隸入漢書，尋篇考限，覩其乖越者矣。（史通書志天文）其論藝文也，曰：伏義以降，文籍始備，逮於戰國，其書五車，傳之無窮，是曰不朽。夫古之所制，我有何力，而班漢定其流別，編爲藝文志，論其妄載，事等上篇。（史通書志藝文）其論五行也，曰：夫災祥之作，以表吉凶，此理昭昭，不易誣也。洎漢興，儒者乃考洪範以釋陰陽。其事也如江璧傳於鄭客，遠應始皇，臥柳植於上林，近符宣帝，門樞白髮，元后之祥，挂樹黃雀，新都之讖。舉夫一二，良有可稱，至於蜚蜮蝝螽，震食崩坼，隕霜雨雹，大水無冰，其所證明，實皆迂闊。又品藻羣流，題目庶類，謂莒爲大國，菽爲强草，鶖著青色，負蠜非中國之蟲，鸜鵒爲夷狄之鳥，如斯詭妄，不可殫論。而班固就加纂次，曾靡銓擇，因以五行編而爲志，不亦惑乎。且每有敍一災，推一怪，京董之說，前後相反，向歆之解，父子不同，遂乃雙載其文，兩存厥理，言無準的，事益煩費，豈所謂撮其機要，收彼菁華者哉。（史通書志五行）又曰：班氏著志，牴牾者多，在於五行，蕪累尤甚。今輒條其錯謬，定爲四科。一曰引書失宜，二曰敍事乖理，三曰釋災多濫，四曰古學不精。（史通漢書五行錯誤）其所譏或由於限斷之不明，或由於敍事之不當。至鄭章之論地理也，一則曰：地理之家，在於封圻，而封圻之要，在於山川。禹貢九州，皆以山川定其經界，九州有時而移，山川千古不易，是故禹貢之圖，至今可別。班固地理，主於郡國，無所底止，雖有其書，不如無也。後之史氏，正以郡國併遷，方偶顛錯，皆因司馬遷無地理書，班固爲之創始，致此一家，俱成謬舉。（通志總序）一則曰：史不立表，而世次年月，猶可補綴於文辭，史不立圖，而形狀名象，必可旁求於文字。此耳治目治之所以不同，而圖之要義，所以更甚於表也。班固地理無圖學。（原注地理志自班固始，故專責之）雖有好學深思之士，讀史而不見其圖，未免冥行而擿埴矣。（文史

通義永清縣志輿地圖序）

列傳得失　漢書包史記世家同爲列傳，頗爲史家所稱述，劉知幾謂：班漢知其若是，釐革前非，至如蕭曹茅土之封，荊楚葭莩之屬，並一概稱傳，無復世家，事勢當然，非矯枉也。（史通世家）尋班馬之爲列傳，皆具編其人姓名，如行狀尤相似者，則共歸一稱，若刺客，日者，儒林，循吏是也。（史通因習）如二人行事，首尾相隨，則有一傳兼書，包括令盡，若陳餘，張耳合體成篇，陳勝，吳廣，相參並錄是也。亦有事跡雖寡，名行可崇，寄在他篇，爲其標冠，若商山四皓，事列王陽之首是也。（史通列傳）蓋自馬班作傳，始以品彙相從，然亦不可一轍論矣。

章實齋曰：列傳之有題目，蓋事重於人，如儒林，循吏之篇，初不爲施，孟，梁，邱，龔，黃，卓，魯諸人而設也。（文史通義永清縣志列傳敍序）又曰：班史一卷之中，人分首尾，傳名既定，規制綦密，然逸民四皓之屬，王貢之附庸也，王吉，韋賢諸人，儒林之別族也，附庸如顓臾之寄魯，署目無聞，別族如田陳之居齊，重開標額，徵文則相如侈陳詞賦，辨俗則東方不諱諧言。蓋卓識鴻裁，猶未可量以一轍矣。（文史通義和州志列傳序）劉知幾曰：孟堅每一姓有傳，多附出餘親，其事跡尤異者，則分入它部，故博陸去病，昆弟非復一篇，外戚元后，婦姑分爲二錄。至如元王受封於楚，至孫戊而亡，案其行事所載甚寡，而能獨載一卷者，實由向歆之助耳。但交封漢始，地啓列藩，向居劉末，職才卿士，昭穆既疎，家國又別。適使分楚王子孫於高惠之世，與荊代並編，折劉向父子於元成之間，與王京共列，方於諸傳，不亦類乎。（史通編次）此雖有礙耳目，然不足以議作者也。

論贊得失　劉知幾曰：夫論者所以辨疑惑，釋凝滯，若智愚共了，固無俟商榷。丘明君子曰者，其義實在於斯；司馬遷始限於篇終，各書一論，必理有非要，則强生其文，史論之煩，實萌於此。（史通論贊）鄭漁仲曰：凡左氏有君子曰者，皆經之新義意史記有太史公曰者，皆史之外事，不爲褒貶也。間有褒貶者，褚先生之徒雜之耳。且紀傳之中，既載褒貶，善惡足爲監戒，何必紀傳之後更加褒貶。此乃諸生決科之文，何可施於著述，殆非遷彪之意。況謂爲贊，豈有貶詞，後之史家，或謂之論，或謂之序，或謂之銓，或謂之評，皆效班固，臣不得不劇論固也。（通志總序）

制作

總述　范曄稱固博貫載籍，九流百家之言，無不窮究（後漢書班固傳）而惜其迷於世紛。其論曰：固傷遷博物洽聞，不能以智免極刑，然亦身陷大戮，智及之而不能守之。嗚呼，此古人所以致論於目睫也。（後漢書班固傳論）荀悅曰：固雖篤志於學，以著述爲務，然好傅會權寵，以文自適。（後漢紀）而鄭漁仲則謂：司馬談有其書，而司馬遷能成其父志，班彪有其業，而班固不能讀父之書，固爲彪之子，既不能保其身，又不能傳其業，又不能敎其子，爲人如此，安在乎言爲天下法。（通志總序）則固者豈所謂「文人無行」者耶。張溥有言：安陵班叔皮，清靜守道，有二令子，孟堅文章，領著作，仲升武節，威西域，天下之奇，在其一門，漢世無比。仲升功名，拔傅介子張騫以上，孟堅晚節，竟蹶不起，亡時與蔡中郎同年，又以竇氏賓客，爲洛陽令种所繫捕，頓辱更甚。私心痛其才同厥考，而志恥薄宦，冒進失當，不若望都長優游以終也。叔皮專心史籍，欲撰漢史，孟堅踵就其業，爲人誣訟，陷身獄網，仲升馳闕，分明轉禍爲福。危哉。

漢書之得成，更兩世，閱變故，如是其不易也。（班蘭台集題詞）陳文燭曰：古今著作如孟堅者，何幸哉！叔皮綴之於前，大家續之於後，陳宗、尹敏、孟異之徒，交相左右。受詔於永平中爲郎，典祕書，優游蘭臺，盡發其石渠天祿之藏。太初以從，建初以前，上下二百餘年，積思二十餘載，創藏山之祕寶，肇刊石之遐貫，文贍而事詳，可謂比董狐、史馬之良，而兼長卿、子雲之麗矣。（漢書評林序）吾人於此，可知固制作機會之巧，及其既成，遂爲不刊之典。傅元曰：孟堅漢書，實命世奇作。（漢書評林）洵不虛也。

攘鬻問題　史家載筆，首貴忠實，忠實者，信史之要素也。固作是書，有攘親鬻筆之謗。其語不知所自，劉彥和曰：及班固述漢，至於宗經矩聖之典，端緒豐贍之功，遺親攘美之罪，徵賄鬻筆之愆，公理辨之究矣。（文心雕龍史傳篇）黃叔琳云：史記必稱父談太史公，漢書多踵所作，後傳而曾不及之。（史傳篇注）不能指其出處。北周柳虬上疏云：古者立史官，非但書事，所以爲監誡也。漢魏以還，密爲記注，無益當時，縱能直筆，人莫之知，何止物與橫議，亦且異端互起。故班固致受金之名，陳壽有求米之論。（北周書柳虬傳）虬之所言，物議而已，未必實有其事。故王應麟曰：受金事未詳，予考陳壽傳有謂丁廙子覓千斛米，丁不與，竟不立傳之說，但有或云二字，或之者疑之也，恐亦未可盡信。（困學紀聞）而子元據之以爲事實，因痛罵之曰：班固受金而始書，陳壽借米而方傳，此又記言之奸賊，載筆之凶人，雖肆諸市朝，投畀豺虎可也。（史通曲筆）而後人多不信有此事。晁公武謂受金鬻筆，固雖諂附非人，亦何致是歟。（郡齋讀書志）四庫目云：固作是書，有受金之謗，劉知幾史通尙述之，然文心雕龍史傳篇曰：徵賄鬻筆之愆，公理辨之究矣。是無其事也。又有竊據父書之謗，然韋賢翟方進元后三傳俱稱司徒掾班彪曰，顏師古注發例於韋賢傳曰，漢書諸傳贊，皆固所爲，其有叔皮先論述者，固亦顯以示後人。而或者謂固竊盜父名，觀此可以免矣。是亦無其事也。（總目正史篇）章實齋曰：三代而後，史遷班固，俱世爲史，而談彪之業，亦略見於遷固之書矣。後人乃謂固盜父書，而遷稱親善，由今觀之，何必然哉。談之緒論，僅見六家要旨，至於留滯周南，父子執手欷歔，以史相受，僅著空文，無有實跡。至若彪著後傳，原委具存，而三紀論贊，明著彪說，見家學之有所授受，何得如後人之所言，致啓鄭樵誤班氏以盜襲之嫌哉？第史遷之敘談，既非有意爲略，而班固之述彪，亦非好爲其詳。孝子甚愛其親，取其親之行業而筆之於書，必肖其親之平日，而身之所際不與也（文史通義黠陋）可謂通論矣。

史料剪裁　固之爲書，其目的全在保存文獻，以發揚其本朝之功德而已。「雖堯舜之盛，必有典謨之篇，然後揚名於後世，冠德於百王。」（漢書敍傳）此其述作之旨也。其自贊云：凡漢書，敍帝皇，列官司，建侯王。準天地，統陰陽，闡元極，步三光，分州域，物土疆，窮人理，該萬方。緯六經，綴道綱，總百氏，贊百章，函雅故，通古今，正文字，惟學林。（漢書敍傳贊）顏師古曰：凡此總說帝紀表志列傳，書有天地鬼神人事政治道德術藝文章，汎而言之，盡在漢書耳。（敍傳注）是則漢書所包廣矣。其所剪裁宏矣。柳宗元曰：漢當文帝時，賈生明儒術，武帝雅好焉。而公孫宏董仲舒司馬遷，相如之徒作，風雅益盛，敷德天下，自天子至公卿大夫士庶人咸通焉。於是宣於詔策，達於奏議，諷於詞賦，傳於歌謠，由文帝迄於哀平王莽之誅，四方之文章，蓋爛然矣。史臣班孟堅修其書，拔其尤者，充於簡册，則二百三十年間，列辟之達道，名臣之大範，賢能之志業，黔黎之風美列焉。（漢書評林）盧舜治曰：孟堅所掇拾以成一代之書者，不過歷朝之詔令，諸臣之奏疏爾。非子長網羅數千年之事，縱橫數十家之籍者比，然其游揚布成一家言，舉其章章尤著者，若東方朔之詼諧，疏廣之高潔，丙魏之持國，霍光之托孤，陳遵之游俠，趙充國之屯田，蘇武之奉使，甘陳之攘夷，言人人殊，各底其極，眞如咸英韶護之奏，聽之者心融，靑黃黼黻之彩，觀之者目駭。又曰：或有以尙浮華事剽竊，以謗誹班氏之史者，予應之曰，當西京之時，若相如，枚皋，王褒，鄒陽之屬，乃以麗賦炫人，甘言罔上，至於孟堅之文，十二帝紀以紀年，八表以正曆，十志以類事，七十列傳以著人，使百代而下，史官不能易其法，學者不能捨其書，六經之後，賴有史官一家言。而概以浮華剽竊訾之，甚哉！知班氏之淺也。（漢書評林）

雖然，固之書不僅博洽而已，又能詳贍而有體也。范曄曰：若固之敍事，不激詭，不抑抗，贍而不穢，詳而有體，使讀之者亹亹而不厭，信哉其能成名也。（後漢書班固傳贊）范祖禹曰：班固以良史之才，博學善敍事，不虛美，不隱惡，故傳之簡牘，千餘年而不磨滅。（漢書評林）試舉其例，如稱紀信爲項籍所圍，代君而死，此則不言其節操，而忠孝自彰。孝文紀贊曰，吳王詐病不朝，賜以几杖，此則紀所不書，而史臣發言，別出其事。（史通敍事）左傳稱絳父論甲子，隱言於趙孟，班書述楚老哭龔生，莫識其名氏，苟舉斯一事，則觸類可知，（史通浮詞）夫此僅就其大體言之耳，劉知幾曰：昔傅玄有云，觀孟堅漢書實命世之奇作。及與陳宗尹敏杜撫馬嚴撰中興紀傳，其文滋不足觀，豈拘於時乎？不然何不類之甚也。（史通覈才）章實齋謂：其與陳宗尹敏之徒撰世祖本紀與新市平林諸列傳，不能漢書並列者，集衆官修之故事，與專門獨斷之史才不相綴屬。（文史通義答客問中）此則猶可掩其短也。其他闕失，亦頗有之。

一曰浮濫　漢書云　蕭何知韓信賢。　案賢者處世，夷險若一，不隕獲於貧賤，不充詘於富貴，如淮陰初在仄微，墮業無行，後居榮貴，滿盈速禍，躬爲逆上，名隸惡徒。周身之防靡聞，知足之情安在。美其善將，呼爲才略，則可矣。必以賢爲目，不其謬乎。又云嚴延年精悍敏捷，雖子貢冉有通於政事，不能及也。夫以酷吏編名，列號屠伯，而輒比孔門達者，豈其倫哉。（史通浮詞）修國史者，若旁採異聞，用成博物，斯則可矣。如班書地理志，首全寫禹貢一篇，降爲後書持續前史，蓋以水濟水，床上施床，徒有其煩，竟無其用，豈非惑乎。昔春秋諸國賦詩見意，左氏所載，惟錄章名，如地理爲書，論自古風俗，至於夏世，宜云禹貢已詳，何必重述古文，益其辭費也。（史通斷限）爲史若此，難語割愛，此所謂浮濫者也。

二曰矛盾　班書稱項羽弒義帝，自取天亡。又云於公高門以待封，嚴母掃地以待喪，如固斯言，則深信夫天怨神怒，福善禍淫者矣。至於其賦幽通也，復以天命久定，非人理所移，故善惡無徵，報施多爽，斯則同理異說，前後自相矛盾者焉。其孝成紀贊曰，成帝善修容儀，升車正立，不內顧，不疾言，不親指，臨朝淵嘿，尊嚴若神，可謂穆穆天子之容貌矣。又五行志曰，成帝好微行，選期門郎及私奴客十餘人，皆白衣袒幘，自稱富平侯家，或乘小車，御者在茵上，或皆騎出入遠至旁縣。故谷永諫曰，陛下晝夜在路，獨與小人相隨，亂服共坐，溷淆無別，公卿百寮，不知陛下所在，積數年矣。由斯而言，則成帝魚服嫚游，烏集無度，雖外飾威重，而內肆輕薄，人君之望，不其缺如。觀孟堅紀志所言，前後自相矛盾者矣。（史通雜說上）前後乖異，不相通貫，此所謂矛盾者也。

三曰顛倒　馬遷錯綜成篇，區分類別，班固踵武，仍加祖述，於其間，則有體統不一，名目相違，朱紫以之混淆，冠履於焉顛倒。（史通編次）又江充息夫躬讒諂惑上，使禍延儲后，毒及忠良，論其姦凶，過於石顯遠矣，而固敍之，不列佞幸。王孫裸葬，悖禮狂狷之徒，考其一生，更無他事，而與朱雲同列，冠之傳首，不其穢歟。若乃旁求別錄，側窺雜傳，諸如此謬，其累實多。案劉向列女傳載魯之秋胡妻者，尋其始末，了無才行可稱，直以怨懟厥夫，投川而死，輕生同於古冶，殉節異於曹娥，此乃凶險之頑人，强粱之悍婦，輒與貞烈爲伍，有乖其實者焉。（史通品藻）此之所謂顛倒者也。

四曰暗惑　著魯史者，不謂其邦爲魯國，撰周書者，不呼其上曰周王，如史記者，事總古今，勢無主客，故言及漢祖，多爲漢王，斯亦未爲累也。班氏既分裂史記，定名漢書，至於述高祖爲公王之時，皆不除沛漢之字。凡有異方降款者，以歸漢爲文，肇自班書，首爲此失。又史記陳涉世家稱其子孫至今血食，漢書復有涉傳，乃具載遷文。案遷之言今，實孝武之世也，固之言今，當孝明之世也。事出百年，語同一理，卽如是，豈陳氏苗裔祚流東京者乎？斯必不然。迷而不悟，奚其甚乎？（史通因習）遷之所載，往往與舊不同，如酈生之謁沛公，高祖之長歌鴻鵠，非惟文句有別，遂乃事理皆殊。又韓王名信都，而輒去都留信，用使稱其名姓，全與淮陰不別。班氏一準太史，曾無弛張，靜言思之，深所未了。（史通雜說上）此則誤於因習，所謂暗惑者也。

文學技術　劉彥和曰：班固述漢，因循前業，十志該富，讚序弘麗，儒雅彬彬，信有遺味。（文心雕龍史傳篇）洪邁曰：班固著漢書，制作之工，如英莖咸韶，音節超詣，後之爲史者，莫能及其髣髴。（容齋隨筆）此僅言其制作之工，有彬彬之風而已。然其文學之技妙，果如何乎？黃省曾曰：孟堅之史，每傳一人，則不特功德言語，了了無遺，模寫如畫。又且并其形態之狀以鋪張之。王世貞曰：孟堅敍事，如霍光廢昌邑王奏事，趙韓吏跡，京房術數，雖不得如化工肖物，猶是顧凱之，陸探微寫生，東京以還，重可得乎。陳文燭曰：余讀李陵傳，其文歔欷，皆得其意。至與衞律等語，如在當時所云，丈夫不能再辱，李陵答蘇武，太史公報任少卿之旨盡矣。太史附陵事於李廣之後，而恨隴西之名敗，至孟堅悉發之，如楊子雲東方曼倩諸傳，使子長爲之，又何加焉。（俱見漢書評林引）蓋馬班作史，皆重文學，子長既鄙沒世而文彩不表於後世，（報任少卿書）孟堅亦有密爾自娛於斯文（漢書敘傳）之說也。

第三 史漢比較

總述

史漢源流 古之爲史者，舉其大綱而已。尚書春秋是也。至司馬遷始創紀表書傳之體焉。文中子曰：「史之失，自遷固始。」譏其失者，謂失古史之體也。論者以遷固雖俱違異古史，然烏可並言。遷之學雖未粹，咸憤舛駁，往往有之，然二帝三王之統，紀周秦楚漢之世變，孔子孟子之所以異於諸子百家者，於其書尤有考焉。高氣絕識，包舉廣而興致深，後之爲史者，殆未易窺其涯涘也。固特因遷之規模而足成之耳，其纂定遷史諸篇，漢初豪傑之所存，尚未深究，況於前此者乎。（羣書考索）

雖然，史漢二家，實究古史之源，而異其流而已。章實齋曰：「史氏繼春秋而有作，莫如馬班。馬則近於圓而神，班則近於方以智也。」（文史通義書敎下）實齋推源古史，最爲詳悉，其間遞變之跡，可得而溯焉。其言曰：「尙書一變而爲左氏之春秋，尙書無成法，而左氏有定例以緯經也。左氏一變而爲史遷之紀傳，左氏依年月，而遷書分類例以搜逸也。遷書一變而爲班氏之斷代，遷書通變化，而班氏守繩墨以示包括也。就形貌而言，遷書遠異左氏，而班史近同遷書，蓋左氏體直自爲編年之祖，而馬班曲備皆爲紀傳之祖也。推精微而言，則遷書之去左氏也近，而班史之去遷書也遠。蓋遷書體圓用神，多得尙書之遺，班氏體方用智，多得官禮之意也。」（文史通義書敎下）是故史漢二體，似同而實異，似近而實遠，然古史簡易，不能曲分類例，史漢紀表志傳所以濟類例之窮，衍古史之源而歧其流，所謂化臭腐爲神奇者耳。

史漢各自爲家　白居易曰：談之書，遷能修之，彪之書，固能終之。（史略）鄭漁仲曰：古者修書，出於一人之手，成於一家之學，班馬之徒是也。徐乾學曰：司馬遷之學，本於父太史公談，又負氣好奇，登龍門，探禹穴，網羅異聞，雜采六經世本國語國策諸書及諸子百家之說，以成史記。其文恣肆廣博，綜括百代，誠曠世杰出者也。後漢蘭臺令史班固，亦承父彪家學，倣史遷爲漢書，發凡起例，或芟或益，華縟整贍，爛乎一代之書。此范蔚宗陳壽以下所不能逮者矣。此書史漢並承家學，淵源有自也。

又曰：史之爲書，體宏而義密，事賅而辭達，采之博而擇之精，如史之爲良史，不繫乎文與質簡與繁也。昔者鄭樵爲通志，極斥班孟堅失於過刻。劉知幾互有褒貶，稍右班氏，以爲言皆精練，可爲史家祖述。王充論衡，則又確奉蘭臺，以爲作史之繩尺。夫班之不逮司馬，亦旣較然矣，而後代之史，求如固者寥寥未之有聞。蓋遷采諸書而自成遷之史。固襲龍門而自成固之書，文質繁簡，隨世遷流，而千載作者之精神，炯炯在簡冊者，讀者深思而自得之，不俟詞費也。

此言史漢雖有同異而各自成家者也。

史漢異同　史漢異同，其詳俟諸下文，茲特總述其要。檀萃曰：馬班之有異同也，是非馬之先自立異，而班之異馬也。亦非盡彪之異馬，而固之異馬也。遷書上紀軒轅，下迄漢武，彪續遷書，自武昭至於後漢，欲令後人續己，如己續遷，旣無衍文，又無絕緒，世世相承，如出一手，善乎其繼志也。乃孟堅斷漢爲書，歷代因之，卷帙繁複，諸志類於重言，又往往以一人分列前後之史，如劉表諸人，則後漢三國互傳，陶潛則晉宋交書，聯絡衍文，非班階厲乎。此紀載之異也。

司馬遷整齊世傳，不敢自附於春秋，僅稱史記，而班直謂漢承堯運，以建帝業，改史爲書，欲並美二典，此命名之異也。馬書進項羽於本紀，爲宰天下也，進陳涉於世家，爲置守冢也，黜淮南衡山於列傳，爲坐謀逆也。班氏謂其細意委曲，條例不經，削項羽於本紀之中，而併世家於列傳，則與馬牴牾矣。而其紀傳之中，蕭曹良平，馬分而班合，魏豹彭越，馬合而班分，出卜式於平準之書，離張杜於酷吏之傳，不失龍門位置褒貶之微意耶？此紀傳之異也。至於表志，而班之謬戾貽譏者，惟古今人表，其易書名志，爲本史既以書名，則不宜重見耳。至禮樂律歷，馬分爲四，班合爲兩志，而易平準爲食貨，易封禪爲郊祀，易天官河渠爲天文溝洫，又增以刑法五行地理藝文，不多所參差乎？此表志之異也。至於其贊也，馬則述及先人，班則斷以己意，而其序也，馬則直稱爲作，班則但謙以述，非皆相睽乎。凡此皆其於同之中未能無所異者也。若夫馬書辨而不華，質而不俚，班書贍而不穢，詳而有體，同爲良史矣。乃班之譏馬先黃老而後六經，退處士而進奸雄，崇勢利而羞貧賤，不知史公感當世之所失，書其身之所遇，有激而爲此也。矧班之自爲議論，常排死節，不足直而不叙殺身成仁之爲美，則輕仁義，賤守節甚矣。蔚宗目睫之論，不誠然耶。雖然，史公固爲實錄，而班信能成名，亦未有可厚訾者。乃至方叔謂馬紀三千餘年止七十萬言，班紀二百餘年乃一百萬言，以此劣班。不知詳近略遠，史公七十萬言，漢事居大半矣，豈足以劣班乎。是故馬班皆傳家學，博覽宏通。馬下理於李陵，班隕身於竇憲，所遭亦相似。雖其爲書不無異同，微有軒輊之分，而皆冠冕百代，後有作者，不可及矣。

史漢並傳　齊召南曰：言史之良，首推遷固，固才似若不及遷者，然其整齊一代之書，文贍事詳，與遷書異曲同工，要非後世史官所能及。故其書初成，學者卽已莫不諷誦。（前漢書考證跋語）其實史漢二書，雖各有其面目，各有其價值，而班書之足以助益遷史者，又不一而足也。遷之書，牴牾者有之，闕略者有之，隱微者有之，蓋遷史非易代而爲之，其所筆削，卽本朝之事也，耳目固有所不周，又不得不以微辭見指故也。卽以漢高紀事而論，可以見其一斑矣。章如愚曰：漢高帝接秦而興，雖不能復追復五帝三代之統業，然立宗官，猶有意乎明族屬也。存三老職，猶有意乎崇敎化也。念天下匈匈數歲，而役賜爵，赦宥辠，罷兵歸農，猶不忘乎民隱也。衣衾棺槨，加惠士伍，猶勤勤死生之數。衡山閩越之就封，猶知絕世也。以太牢祀孔子於魯，猶知尊先聖也。刻印銷印，聽不旋踵，猶有從諫如流之美也。令賈人毋得衣錦繡，操兵乘馬，猶知辨上下定民志之義也。拔田叔孟舒於侯藩，而盡拜揖四千戶尉趙子弟，而不以爲惜，則其恢宏磊落，猶有帝王之度也。十一年之詔，招徠賢士大夫，尊顯勸駕，如恐弗及，雖學焉而臣之義，有未暇講，而與我共安，猶庶幾南山有臺之義也。凡此皆班氏之所錄而太史之所缺也。夫以高帝之興漢，其宏綱大指，固不專在是，而四百年間君子懷其道，小人樂其生，或者此其爲仁義公恕之實，而太史氏或略弗錄，或附見而不繫之於一人之本何哉。蓋究王迹之終始，察人事之損益，折衷千有餘年之事變，以俟後世聖人君子，太史具焉。而聖君名臣賢人哲士之令德雅行，嘉言善論，可以載之爲世訓者，此則猶有賴於記事之功而可傳也。三代而上，事之不錄者何限，猶考信於六藝，使秦漢之軼事無所托以信於後世，將使後世何從而知之乎。其有功於史亦多矣。此遷固之史所以並傳也。（羣書考索）故歷代學者，史漢並稱，雖欲廢一，不可得也。

體例

性質比較　知幾論史：窮於六家：五曰史記家，六曰漢書家。蓋史漢雖同為紀傳之體，而實有通古斷代之別。鄭漁仲曰：自春秋之後，惟史記擅制作之規模；不幸班固非其人，遂失會通之旨，司馬氏之門戶，自此衰矣。（通志總序）以後世史家，多好斷代而忽於通古也。知幾論史，甲斷代而乙通古，漁仲繼之，復優通古而劣斷代，其間得失利病，俱可得而言之也。知幾之評史記也，則曰：疆宇遼闊，年月遐長，事罕異聞，而語饒重出。況通史以降，蕪累尤深，遂使學者寧習本書，怠窺新錄。可謂勞而無功，述者所宜深誡也。其評漢書也，則曰：歷觀自古史之所載也，尙書記周事，終秦穆；春秋述魯文，止哀公；紀年不逮於魏亡，史記惟論於漢始。如漢書者，究西都之首末，窮劉氏之廢興，包舉一代，撰成一書，言皆精練，事甚該密，故學者尋討，易為其功。（史通六家）推劉氏之旨，以時近者易為功，代遠者難為力，有鑒於通史科錄之蕪累，故趨重於限斷，又以前史或累代連舉，或一代不完，而不能首尾全貫，斷限全代。蓋認斷代為書，既免重出，而又易於誦習焉。漁仲之言曰：百川異趨，必會於海，然後九州無浸淫之患；萬國殊途，必通諸夏，然後八荒無壅滯之憂。會通之義大矣哉。自書契以來，立言者多矣，惟仲尼以天縱之聖，故總詩書禮樂而會於一手，然後能同天下之文貫二帝三王而通爲一家，然後能極古今之變。是以其道光明。仲尼既沒，諸子百家興焉，各效論語，以空言著書，至於歷代實跡，無所統繫。迨漢建元元封之後，司馬氏父子出焉。世司典籍，工於制作。故能上稽仲尼之意，會詩書，左傳國語，世本戰國策，楚漢春秋之言，通黃帝堯舜，至於秦漢之世，勒成一書。六經之後，惟有此作。孔子曰，殷因以夏禮，所損益可知也。周因以殷禮，所損益可知也。此言相因也。此班固斷代爲史，無復相因之義，雖有仲尼之聖，亦莫知其損益。會通之道，自此失矣。且謂漢紹堯運，自當繼堯，非遷作史記廁於秦項，此則無稽之談也。由是斷漢爲書，是致周秦不相因，古今成間隔。語其同也，則紀而復紀，一帝而有數紀；傳而復傳，一人而有數傳。天文者千古不易之象，而世世作天文志。洪範五行者，一家之書，而世世敘五行傳。如此之類，豈勝煩文。語其異也，則前王不列於後王，後事不接於前事，郡縣各爲區域，而昧遷革之源，禮樂自爲更張。如此之類，豈勝斷綆。（通志總序）蓋歷史之連貫性，演進遷流，無有已時，其變通弛張之故，非融會貫通，無以悉其蘊底。斷代爲史，上下隔絕，無復相因之道。故章實齋謂通史之修，其便有六，所以免重複，均類例便銓配，平是非，去牴牾，詳鄰事也。是則通史之修，誠不容已。吾儕論史，無寧甲史記而乙漢書矣。若必當分區研究，則易朝代之糾紛，以學術制度爲單位可耳。

例目比較　王禕曰：紀表志傳之制，馬遷創始，班固繼作，綱領昭昭，條理鑿鑿。三代而下，史才如二子者，可謂特起拔出，雋偉超卓。後之作史者，世仍代襲，率若外乎其渠矱。（漢書評林）趙翼曰：史記通記古今人物，與專記一代之史不同，故立陳涉世家，項羽本記，蓋已編作列朝之事也。然尊羽爲紀，冠於本朝帝王之上，究屬非體。陳涉王數月而敗，身死無子，亦難列爲世家。班書陳項俱改爲列傳，誠萬世不易之體例。又史記於高祖本紀後，即繼以呂后紀，而孝惠御極七年，竟不書。雖其時朝政皆出於母后，然春秋於魯昭公之出奔，猶每歲書公在乾侯，豈有嗣主在位，又未如廬陵王之遭廢，而竟删削不載者，班書補之，義例精矣。（陔餘叢考）漢書雖承史記而作，然其體制義例，頗有出入，非全襲司馬氏。且漢書一變史記通古之學而爲斷代之學，分明兩家，實齋所謂遷史通變化，班書守繩墨者也。後之史家，奔走班馬，陳陳相因，無復創作，此史學之敝，非卓識之士，誰能正之。故孟堅氏者，可謂善學司馬氏者矣。茲述其敘目如次：

史記敘目	漢書敘目
本紀十二 呂后本紀（在本紀中次九案因女主臨朝而立本紀次入帝紀始於史記）	帝紀十二 高后紀（在紀中次三）
年表十 三代世表（案自史記以來表皆在志上） 十二諸侯年表 六國年表	表八

秦楚之際月表 漢興以來諸侯王表 高祖功臣侯年表 惠景間侯者年表 建元以來侯者年表 建元以來王子侯者年表 漢興以來將相名臣年表	異姓諸侯王表（次一） 諸侯王表（次二） 高惠高后孝文功臣表（次四） 景武昭宣元成哀功臣表（次五） 王子侯表（次三） 外戚恩澤侯表（次六） 百官公卿表（次七） 古今人表（次八）
書八 禮書	志十 禮樂志（次二）（併禮樂爲一志）

樂書 律書 歷書 天官書 封禪書 河渠書 平準書	世家三十
律歷志（次一）（併律歷爲一志） 天文志（次六） 郊祀志（次五） 溝洫志（次九） 食貨志（次四） 刑法志（次三） 五行志（次七） 地理志（次八） 藝文志（次十）	

外戚世家 楚荊燕齊三世家（次四十九至五十二） 五宗三王世家（次二十九至三十）	列傳七十 仲尼弟子列傳（列傳中次七） 刺客列傳（次二十六） 循吏列傳（次五十九） 儒林列傳（次六十一） 酷吏列傳（次六十二） 游俠列傳（次六十四） 佞幸列傳（次六十五）
	列傳七十 循吏傳（次三）（六人） 儒林傳（次二）（二十七人） 酷吏傳（次四）（十五人） 游俠傳（次六）（七人） 佞幸傳（次七）（八人）

滑稽列傳（次六十六）

扁鵲倉公列傳（次四十五）

日者列傳（次六十七）

龜策列傳（次六十八）（案此三傳爲諸史方術方技之祖）

貨殖列傳（次六十九）

貨殖傳（次五）（十三人）

陳勝項籍等七人傳（案以本朝所誅夷之人冠列傳首始此）

荆燕吳楚王傳（案此倣史記楚荆燕齊三世家而改傳後來諸史宗室傳因之）

高五王淮南衡山濟北文三王景十

匈奴列傳（次五十）

南越列傳（次五十三）

東越列傳（次五十四）

朝鮮列傳（次五十五）

大宛列傳（次六十三）

自序

三王武五王宣元六王傳

外戚傳（次九案史記爲世家此爲列傳）

王莽傳（次十案此傳列外國外戚之次所以抑篡逆也後之姦臣叛臣逆臣傳仿此）

匈奴傳

南粤傳

閩粤傳

朝鮮傳

西域傳

敍傳

增刪

史漢歧互　班固作漢書，距司馬遷不過百餘年，其時著述家，豈無別有記載，倘遷有錯誤，自當據以改正。乃今以漢書比對，武帝以前如高祖紀及諸王侯年表諸臣傳，多與史記同，並有全用史記文一字不改者，然後知正史之未可輕議也。其間有不同者，張泌有漢書刊誤，朱子文有漢書辨正，劉巨容有漢書纂誤，今皆不傳。見存者惟劉攽漢書刊誤，吳仁傑兩漢刊誤補遺，皆不過就本書中穿穴訂正，非於此二書外別有援據，以資辨駁也。劉仁翁有班馬異同，蓋亦就史記漢書歧互處分別指出，今少有其本。姑以二書比對，摘其不同者列於後：（以下諸節，采用廿二史劄記。）

韓信擊魏豹，史記在漢三年，漢書在二年。韓信襲殺龍且，史記在三年，漢書在四年。諸侯會垓下，史記在四年，漢書在五年。項羽使海春侯曹咎守城皋，爲漢王所虜，史記在劉項同軍廣武之後，漢書在同軍廣武之前。徙王韓信於楚，史記在漢王即帝位後，漢書在殺羽未即位前。蕭何造未央宮，史記在八年，漢書在七年。黥布封九江王，後史記謂七年朝陳，八年朝洛陽，漢書謂六年朝陳，七年朝洛陽。二書紀事，每差一年。

項羽陳涉二人，史記稱項王陳王，漢書改爲列傳，故皆稱名。

史記項羽立田都爲齊王，田榮怒乃殺都自立爲齊王，漢書謂榮攻都，都走降楚。

史記項羽高紀皆言項羽徙義帝長沙，都郴，使衡山王臨江王擊殺義帝，漢書高紀則云羽使九江王布擊殺義帝於郴。（顏師古注：衡山臨江九江三王，羽皆使殺義帝，而擊殺者乃九江王也。）

史記項紀楚軍敗於定陶，項梁死，楚懷王恐，乃從盱眙徙彭城，幷項羽呂臣軍自將之。漢書謂羽與沛公等聞項梁死，乃徙懷王，都於彭城。

項羽分王諸將，史記先敍諸將分王畢，方敍徙楚懷王於長沙。漢書則先敍徙懷王，然後分王諸將。

史記分王諸將，韓王成都陽翟，漢書無「都陽翟」三字，以成雖有此封，實未至國也。

（案史記成無軍功，羽不使之國，與俱至彭城殺之。）

史記田榮擊殺濟北王，田安并王三齊，漢書彭越擊殺田安，榮遂王三齊。

史記項羽美人名虞，漢書謂姓虞氏。

史記漢騎將追項羽，爲羽所叱，人馬俱驚者爲赤泉侯，而不著姓名。漢書則曰楊喜。然史記羽死後分其四體者有楊喜，又不言即赤泉侯。

史記張耳傳外黃富人女嫁庸奴，亡其夫，去抵父客，謂所嫁者乃庸奴，故逃之至父客處也。漢書謂庸奴其夫亡抵父客，則富人女以夫爲庸奴，故去之也。

史記盧綰陳豨分兩傳，漢書兩人合爲一傳，以綰之反因陳豨事見疑而起也。

荆王劉賈，史記謂不知其何屬，漢書謂高祖從父兄。

燕王劉澤，史記謂諸劉遠屬，漢書謂高祖從祖兄弟。

任敖傳，史記謂高后崩，敖不與大臣共誅諸呂，故免官。漢書謂與大臣共誅諸呂，後坐事免官。

史記倪寬在儒林尙書條內，董仲舒在儒林春秋條內，漢書皆改入列傳。

史記循吏傳載周秦間人孫叔敖子產公儀休石奢李離，漢書所載則文翁王成王霸朱邑龔遂召信臣皆漢人也。

史記張湯在酷吏傳，漢書以其子孫多爲名公卿乃以湯另入列傳。其他酷吏游俠佞幸內，較史記各有所增，則皆遷以後人也。惟貨殖傳多仍史記之舊，列入白圭猗頓烏氏倮巴寡婦清等，但去子貢耳。試思漢書也而敍周秦間人耶。（按漢書貨殖傳未去子貢）

史記儒林傳以詩爲首，次尙書，次禮，次易，次春秋。漢書儒林傳以易爲首，次尙書，次詩，次禮，次春秋。

史記高祖爲亭長，以竹皮爲冠，令求盜之薛治之。（注：求盜者，亭長之副也。薛有作冠師，故令其副至薛，使冠師治之。）漢書但云令求盜之薛治。删一字便不明。

史記秦始皇以東南有天子氣，乃東游以厭之，高祖卽自疑，隱於芒碭山澤之間，呂后以其所居處常有雲氣，求輒得之，漢書删「卽自疑」三字。高祖以匹夫而以天子自疑，正見其志氣不凡也。漢書删此三字，便覺無意。

史記沛公破豐，命雍齒守之，齒以豐降魏，沛公攻之不能下，項梁益沛公五千兵攻豐，而不言攻之勝負。漢書則云攻豐拔之，雍齒奔魏。

史記漢王敗入關，又東出，袁生說漢王出武關，令滎陽成皐間，且得休息，漢書作轅生。

陳涉傳漢書改伍徐曰伍逢，朱房曰朱防。

史記項羽燒秦宮室，東歸，說者謂其沐猴而冠，漢書說者乃韓生也。

吳王濞傳史記高祖封兄仲爲郃陽侯，漢書作合陽侯。

韓信傳史記漢王之敗彭城，信收兵與漢王會滎陽，漢書謂信發兵與漢王會滎陽，案是時信未有分地，從何發兵，蓋收集潰卒耳，收字得實。

張良傳史記載其所致四皓姓名，東園公，甪里先生，綺里季，夏黃公，漢書但云四人，不著名氏。

周勃傳史記沛公拜勃爲虎賁令，漢書作襄賁令。

史記周文漢書作周仁張叔漢書作張歐。

史記梁平王傳有告變者曰類犴反，漢書作犴反。又史記告變後驗實，削梁八城，梁尚有十城，漢書則云削五縣，尚有十城。

史記田蚡傳景帝後三年，封蚡爲武安侯，漢書則云武帝初即位，蚡以舅封武安侯。案景帝後三年正是武帝即位之歲，蚡乃武帝所封，特是時尚未改元故耳。

李廣傳史記廣爲匈奴所得，絡而盛兩馬間，廣佯死，睨其旁一胡兒騎善馬，乃忽騰而上，推墮兒，乘其馬歸，漢書謂抱胡兒鞭馬南馳。

李陵傳史記陵降匈奴，漢聞單于以女妻陵，遂族其母妻子，漢書謂漢聞李陵敎匈奴爲兵，遂族其母妻子，後乃知敎兵者李緒，非李陵也。

漢書改表　表者興亡治亂之大略，而馬遷準之，固之表，則猶譜牒也。孟堅作表，苟欲自出機軸，盡變子長之例，而表之意泯矣。試言之如次：

史記十表，意義洪深，殆學者多不能達。三代世表，以世系爲主，所以觀百世之本支也。漢興以來諸世表以地爲主，故年經而國緯，所以觀天下之大勢也。高祖功臣侯年表以時爲主，故國經而年緯，所以覩一時之得失也。漢興以來將相名臣年表以大事爲主，所以觀君臣之職分也。

以百世本支言之，黃帝之初，先列譜系，以祖宗爲經，以子孫爲緯，則五帝之代皆出黃帝可知矣。周成王之後，詳列諸侯，以世爲經，以國爲緯，則親疏之相輔可知矣。帝顓頊以下，周武王以上，有經而無緯，止列世系，而大治亂附焉，則正嫡旁支之繼統皆可知矣。

以天下大勢言之，如高帝五年韓信王楚，英布王淮南，盧綰王燕，張耳王趙，彭越王梁，韓王信王太原，吳王芮王長沙，則天下之勢，異姓强而同姓未有封者也。如高帝六年高祖弟父王楚，高祖子肥王齊，英布王淮南，盧綰王燕，張敖王趙，彭越王梁，高祖兄喜王代，吳芮王長沙，則天下之勢，異姓强弱，才略相當也。如高帝十二年，高祖弟交王楚，高祖子肥王齊，高祖兄子濞王吳，高祖子長王淮南，高祖子建王燕，高祖子如意王趙，高祖子恢王梁，高祖子友王淮陽，高祖子恆王代，吳芮王長沙，則天下之勢，同姓甚强而異姓絕無而僅有也。

以得失言之，如高祖功臣年表高祖功臣侯者一百四十三，至文帝之世存者一百二十五，至武帝時存者七十二，則時之守典章待舊勳，孰得孰失，皆可知矣。如惠景間侯者表，建元之後，存者二國，太初以後，又皆國除，則其時之政事孰緩孰急，皆可知矣。建元以來侯者表元光侯者四，元朔侯者二十，元狩侯者十三，皆以匈奴封，元鼎侯者十六，以匈奴南粵封，元封侯者十七，以東越甌駱南粵朝鮮西域封，則時之用兵孰多孰少，皆可知矣。建元以來王子侯者表元光侯者七，元朔侯者一百二十七，元狩侯者一百二十五，元鼎侯者三；則時之分封諸子弟，施行次第，皆可知矣。

以君臣之職分言之，如高帝元年，太史記沛公爲漢王，之南鄭，還定雍，而相位書蕭何守漢中，御史大夫位書周苛守滎陽，高帝九年，太史記未央宮成，置酒前殿，帝親奉玉巵上太上皇壽曰：「今臣功孰與仲多。」而相位書蕭何爲相國，御史大夫位書周昌爲趙丞相，則君臣之職分或得或失，皆可知矣。

班氏分同姓王異姓王爲兩表，漢初親疏相錯之意不復見。同姓諸侯王表廢年經國緯之制，王子侯下諸表廢國經年緯之制，徒列子孫世數，是特諸家之譜牒耳。天下大勢，當世得失，泯然莫可考。太史公諸侯秦楚之際月表，此一時也。漢興以來諸侯年表，此又一時也。至於以節目論之，則高祖功臣年表與惠景間侯者表異矣，建元以來王子侯者表斷以建元，亦有異矣。班氏分諸侯王爲兩表，智不相近，理固應爾。至於王子侯起於高祖，則史家之常例也。至於中分西漢諸帝之功臣以高惠高后文爲一卷，景武昭成元爲一卷，特以卷帙繁重析之耳。別外戚恩澤侯自爲一表，雖頗有意，然其所發明者亦狹矣。百表公卿表上卷敍官制沿革，固有益於後世，若下卷所謂表者，削去大事不記，則所書止於公卿拜罷日月而已，並載九卿，雖爲繁碎，猶非其大失也。古今人表，以區區一人之見而欲定生民以來聖賢智愚之等差，其不知量亦甚矣。

漢書增傳　史記列傳，及身而止，凡武帝以前王侯公卿，皆見於史記中，故漢書以前王侯公卿，皆用史記舊文，然亦有無傳而增立者，今列於後：

史記無吳芮傳，蒯通則附韓信傳內，伍被則附淮南王傳內，漢書俱另立傳。

史記有齊悼惠王世家而趙隱王如意，趙共王恢，燕靈王建皆無傳，趙幽王友附於楚元王世家內。然皆高帝子也何得闕之，漢書皆立傳。

景帝子爲王者十三人，史記以同母者爲一宗，作五宗世家，漢書則十三王各立傳，而河間獻王傳詳敘其好古愛儒所積書與漢朝等，魯共王傳敘其好治宮室壞孔子宅，廣其宮因得壁中古書，史記皆不載。

史記張騫附衞青傳後，寥寥數語，而詳其事於大宛傳，漢書另立騫傳。

史記李陵附李廣傳後，但云「陵將步騎五千人出居延，與單于戰，殺傷萬餘人，兵食盡欲歸，匈奴圍陵，陵降匈奴，其兵遂沒，得還者四百餘人。」蓋遷以陵事得禍，故不敢多爲辨雪也。漢書特爲陵立傳，詳敘其戰功，極有精采。幷述司馬遷對上之語爲之剖白。

史記無蘇武傳，蓋遷在時，武尚未歸也。漢書爲立傳，敘次精采，千載下猶有生氣。合之李陵傳，慷慨悲涼，使遷爲之，恐亦不能過也。

史漢詳略　漢書武帝以前紀傳，多用史記原文，惟移換之法，別見剪裁，如鴻門之會，沛公危急，賴項伯張良樊噲等得免，彭城之敗，漢王道逢孝惠魯元，載以俱行；陳平間楚，使去范增，鴻溝解兵，張良陳平勸漢王追楚，漢王至固陵，彭越韓信兵不至，用張良策分地王之，遂皆會兵等事，史記皆詳於項羽本紀中，漢書則項羽傳略敍數語，而此等事皆詳高祖紀內，蓋史記爲羽立紀，在高祖前，故大事皆先載羽紀，使閱者得其大概，而其下諸紀，自可了然。漢書則項羽改作列傳，次於帝紀世家之後，而高紀則在首卷，故此等事，必先於高紀詳之，而羽傳不必再敍也。

呂后殺戚夫人及趙王如意，史記載呂后紀內，而外戚傳載呂后處不復載，漢書呂后紀專載臨朝稱制之事，而殺戚姬等事，則入外戚傳中。蓋紀以記朝政，傳以詳細事，固各有所當也。

齊悼惠王來朝，惠帝庶兄也，帝以家人禮使坐上坐，呂后怒，欲酖之，帝起取巵爲壽，呂后恐，急自起泛巵。此事史記在呂后紀內，漢書則入於齊悼惠傳，而呂紀不載。

韓信從至漢中，不見用，亡走，蕭何自追之，薦於漢王，遂拜大將，史記在信傳內，漢書已詳其事於高紀，故信傳不復敘。

蒯通說范陽令降武信君，又說武信君以侯印封范陽令，史記在張耳陳餘傳內，漢書另立通傳，詳其事，故耳餘傳僅摘敘數語。

盧綰反，高祖親擊邯鄲，即用趙人爲將，史記詳於綰傳，漢書入高紀，故綰傳不載。

史記韓信傳贊另提出信貧時葬母，度其旁可置萬家，以見其志度不凡，漢書則以此敘入信傳。

韓信將擊齊，聞酈食其已說下齊，欲止，蒯通曰，將軍受詔擊齊，寧有詔止將軍乎，何得無行也。史記詳信傳內，漢書另入通傳。蒯通說信三分鼎足計，至數千言。史記在信傳內，漢書亦另入通傳。

吳楚反，袁盎對景帝以爲不足憂，鼂錯在旁，善其語，上問盎計安出，盎請屛人語，惟錯尙在，盎又謂臣所言人臣不得知，乃幷屛錯，避入東廂，盎遂謂斬錯以謝七國，上因斬錯。史記以此事敘在吳王濞傳內，漢書敘入錯傳，而濞傳刪之。

淮南王安與伍被謀反，被先諫之，繼又爲畫策，其文甚麗。史記載入淮南王世家內，漢書另立伍被傳，載此文，而安傳删之。

田叔傳，史記載高祖過趙，謾罵趙王，王之臣趙午貫高等不平，謀逆，後事發，收捕趙王等，漢書以此事敍入趙王傳，故田叔傳不復詳敍。

漢書增文　遷喜敍事，至於經術之文，幹濟之策，多不收入，故其文簡，固則於文字之有關於學問，有繫於政務者，必一一載之，此其所以卷帙多也。今以漢書各傳與史記比對，多有史記所無而漢書增載者，皆係經世有用之文，則不得繁冗議之也。至如司馬相如傳所載子虛賦，喻蜀文，諫獵疏，宜春宮賦，大人賦，（史記亦載）楊雄傳載其反離騷，河東賦，校獵賦，長楊賦，解嘲，法言序目，此雖無關於經術政治，而固本以作賦見長，心之所好，愛不能捨，固文人習氣，而亦可爲後世詞賦之祖也。摘開於後：

賈誼傳，史記與屈原同傳，以其才高被謫，有似屈原，故列其弔屈原賦，鵩鳥賦，而治安策竟不載。案此策皆有關治道，經事綜物，兼切於當日時勢，文帝亦多用其言，何得遺之，漢書全載。

鼂錯傳載其教太子一疏，言兵事一疏，募民徙塞下等疏，賢良策一道，皆有關世事國計。

路溫舒傳載其尚德緩刑疏，賈山傳載其至言。

鄒陽傳載其諷諫吳王濞邪謀一書。

枚乘傳載其諫吳王謀逆一書。

韓安國傳載其與王恢論伐匈奴事，恢主用兵，安國主和親；反覆辨論，凡十餘番，皆邊疆大計。

公孫宏傳載其賢良策，並待詔時上書一道，帝答詔一道。

以上皆史記無而漢書特載之者，其武帝以後諸傳，亦多載有用章疏。

韋元成傳載其宗廟儀禮之文，原本經義，可爲後世法，而幷及匡衡王舜劉歆等所論廟制。案匡衡等皆元成以後之人，與元成何涉，以其禮制互相發明，故幷載元成傳內。

匡衡傳載其所上封事，元帝時論教化之原，成帝時論燕私之累，皆有關君德。

漢書增事　漢書雖大致採用史記原文，然其間亦頗有損益之處，或取贊入傳，或另取新材，大同小異，固非一端，述之如次：

韓信傳信貧時葬母營高燥地，度其旁可置萬家，史記以此事作贊，漢書則增於傳內。又增漢王使信擊魏豹，信問酈生魏得無用田叔爲將乎。曰柏直也，信曰，豎子耳。遂進兵。又增信旣虜豹，使人請漢王，願益兵三萬，北舉趙，東擊齊，絕楚糧道，與大王會滎陽，漢王卽與兵三萬。史記但云漢王遣張耳與信北擊趙代。

楚元王傳史記但載其封國生卒及子孫承襲之事，漢書增元王少時，嘗與穆生申生受詩於浮邱伯，後隨高祖軍中出入臥內。乃封楚王，又遣子郢至長安與申公仍從浮邱卒業，申公好詩爲魯詩，元王次之；其詩號曰元王詩。幷其孫戊襲位初爲穆生設醴後竟胥靡申公等事。

蕭何傳漢書增項羽負約，封沛公於巴蜀爲漢王，漢王怒，欲攻羽，蕭何力言不可，乃之國。

王陵傳史記呂后欲王諸呂，問陵，陵曰不可。問陳平，平曰可。漢書增陵責平負先帝約及平自解之語。

淮南王安好文學及神仙之事，其始固賢王也。史記世家開首卽敍其父厲王死，怨望欲叛，初不述其賢行。幷諫伐南粤一書，最可傳者，亦但載入嚴助傳而安世家內不載。漢書則增其好學，作內書二十一篇，外書甚多，中書八篇，言神仙黃白之事。武帝好文，每作報書，必令司馬相如等視草，及安入朝，獻賦頌等事。

石慶傳漢書增武帝責丞相一詔。

李廣傳漢書增廣斬霸陵尉自劾，武帝不責，反加獎譽一詔。

衞青傳漢書增青初爲平陽公主騎奴，乃後貴爲大將軍，而平陽主以夫曹壽有惡疾，當另嫁，問左右列侯誰賢，左右皆以大將軍對，主笑曰，是常騎從我，奈何用爲夫。左右曰，於今尊貴無比，遂以靑尙公主。案此時本在褚少孫外戚世家遺事內，史遷是時目擊其事，而不載入傳，蓋其時青正貴盛，不敢直書以取怨也。漢書蓋卽取少孫所補。

公孫宏傳漢書增宏沒後爲相者李蔡等十餘人盡誅，惟石慶得善終，正以見宏之能得君也。

鄭當時傳末，漢書增翟公罷官，賓客皆散，後復官，舊時賓客又將來，乃署其門，有一貴一賤，交情乃見等語，此本史記，引之作贊語，已無甚關涉，而漢書增入當時傳中，尤覺無謂。

敍事

史漢煩省　張輔曰：世人稱司馬遷班固之才優劣，多以班爲勝，余以爲史遷敍三千年事，五十萬言，班固敍二百年事，八十萬言，煩省不敵，固之不如遷必矣。（晉書張輔傳）劉知幾曰：或問張輔著班馬優劣論，云遷敍三千年事五十萬言，固敍二百年事八十萬言，是固不如遷也，斯言爲是乎。答曰，不然也。案太史公書上起黃帝，下盡宗周，年代雖存，事跡殊略，至於戰國已下，始有可觀。然遷雖敍三千年事，其間詳備者，唯漢興七十餘載而已。其省也則如彼，其煩也則如此，求諸折中，未見其宜。班氏漢書，全取史記，仍去其日者倉公等傳，以爲其事煩蕪，不足編次故也。若使馬遷易地而處，撰成漢書，將恐多言費辭，有踰班氏，安得以此而定其優劣耶。（史通雜說上）夫敍事煩省，固不足以定史之優劣，而所謂煩省者，又當分別而論，未可一概言也。故知幾曰：夫論史之煩省者，但當要其妄載，苦於榛蕪，言有闕書，傷於簡略，斯則可矣，必量世事之厚薄，限篇第以多少，理則不然。且必謂丘明爲省也，若介葛辨犧於牛鳴，叔孫志夢於天壓。楚人教晉以拔旆，城者謳華以棄甲，此而畢書，豈得謂之省耶。且必以漢書爲煩也，若武帝乞漿於柏父，陳平獻計於天山，長沙戲以埆地，楊僕怙寵而移關，此而不錄，豈得謂之煩耶。由斯而言，則史之煩省不中，從可知矣。而議者苟嗤沈蕭之所記，事倍於孫習，華謝之所編，語煩於馬班，不亦謬乎。（史通煩省）是則漢書卷帙雖富，固無傷也。然則漢書之所以煩者何耶，曰馬主行文，不主載事，故省，班主紀事詳贍，故煩，此其一。遷喜敍事，至於經術幹濟之文，多不收入，故其卷簡，固則於文字之有關於學問政務者，皆爲收拾，故其卷繁。是則史漢之煩省，以定優劣者，直强作解事者耳。

史漢俗古字　史記多俗字，漢書多古字，俗字多則閱者易識，古字多則雅而有致。然相承既久，屢經遷易，後人習讀，以意刊改，傳寫既多，失其本眞，今就毛板史漢考之，如史記武帝本紀張羽旗鼓設供具，封禪書同，而漢書郊祀志供作共，史記齊悼惠王世家魏勃夜掃齊相舍人門，舍人伺之得勃，而漢書伺作司。又史記灌夫傳令門下候伺，而漢書伺亦作司。漢書於趙廣漢傳亦云微司丞相門內不法事。（說文卷八人部伏字注云：司也，徐鉉曰：司，今人作伺。又伺字在新附，徐鉉曰：從人後人所加。）史記留侯世家良爲他人言，皆不省，而漢書他作它。史記蕭何世家發蹤指示獸處者人也，而漢書何傳蹤作縱。史記酈食其傳臣聞其下迺有藏粟甚多，而漢書藏作臧，史記自序藏之名山，而漢書藏亦作臧。史記吳王濞傳袁盎見上言事，鼂錯在，請屏錯，錯逡避東廂，而漢書以此事入錯傳，廂作箱。（漢書董賢傳：太皇太后召賢引見東箱義門，何氏校改作廂，恐誤。）史記韓長孺傳以慰士大夫心，而漢書慰作尉，師古曰，故尉安之字正如此，其後流俗乃加心耳。漢書車千秋傳尉安黎庶，中山孝王興傳以尉其意，並同。史記長孺傳又有貪嗜財，而漢書嗜作耆。今說文火部既有尉字，心部又收慰字，老部既有耆字，口部又收嗜字。此等當皆是漢俗字，或出秦人，非周所有，而許氏有之。史記自序小子何敢讓焉，而漢書讓作攘，漢藝文志亦云堯之克攘，今尚書堯典云允恭克讓，此晉人所改。據此諸條觀之，則史記多俗，漢書多古可見。惟史記貨殖傳領南河北往往出鹽，古無嶺字，只作領，此古字僅存者，而南越尉佗傳云兵未踰嶺，車越傳云令諸校屯預章梅嶺，仍從俗，兩處嶺字，漢書皆作領，蓋張守節雖以有古字爲好本，未詳改，至宋而好本盡亡，漢書之存古，則宋景文力居多。

史漢闕衍 史記趙世家成侯二十二年。魏惠王拔我邯鄲，二十四年魏歸我邯鄲，邯鄲趙都也，都既失，則君托跡何所，楚昭王之失郢也，書其奔鄖，奔隨，齊湣王之失臨淄也，書其奔衞，奔魯，奔莒，今兩年之內，不書成侯在何所，此缺文也。漢書景帝中元三年，正月皇太后崩，謂是景帝母竇太后耶，則崩於孝武之世，謂是景帝廢后薄氏耶，則不當云太后，而廢后死不書也，則此「皇太后崩」四字衍文也。司馬相如傳其爲禍也，不亦難矣。「亦」一字衍文，劉向傳上欲用向，輒不爲王氏居位者，乃丞相御史所持，故終不遷，上「不」一字亦衍文也。

史漢高祖紀秦二世元年秋，陳勝等起蘄，至陳而王，號張楚，不緊接諸郡縣多殺長吏以應涉，然後繼以沛令欲以沛應涉，以便入高祖事。漢書則於涉爲王下添入遣武臣張耳陳餘略趙地，武臣自立爲趙王兩句，橫直其間，文勢隔閡。後再補趙王武臣爲其將所殺，與上相應，實皆冗句。又史記敍雍齒與豐子弟叛高祖，高祖怨之下卽云聞東陽寧君秦嘉立景駒爲楚王，乃往從之，亦緊相承接，漢書乃於怨之下删去聞字，增入張耳立趙後趙歇爲趙王一句，橫亙其中，使上下語脈隔斷，而上文怨雍齒與豐子弟叛之之語，亦爲贅疣無着，兩處增句皆非是。

吳王濞傳史記鼂錯議削諸王地，楚王戊以在薄太后服中有姦，削東海郡，因削吳之豫章會稽二郡，及前二年削趙王河間郡，膠西王六縣，漢廷臣乃議削吳，吳王怨削地無已，因此發謀。案是時廷臣所議削者，卽豫章會稽也。故下文云及削豫章會稽書至，吳王遂反。今先云削吳之豫章會稽，下文又云方議削吳，是又於二郡外再議削矣，則下文所謂及削豫章會稽書至者，又何說耶。漢書删去削豫章會稽字，但云削楚及趙膠西地，廷臣方議削吳，及削豫章會稽書至，吳王遂反，較爲明晰。

文學與修辭　馬班並舉，自古爲然。不特其境遇相同，著述相等，卽文學天才，亦卓絕千古也。范曄稱司馬遷班固父子其言史官載籍之作，大義粲然著矣。議者咸稱二子有良史之才。遷文直而事覈，固文贍而事詳。（後漢書班固傳贊）高佑曰：司馬遷班固皆博議大才，論敍古今曲有條章。（史略）劉知幾曰：馬遷史記，班固漢書，繼聖而作，抑其次也，（史通敍事）故明宋濂作七儒解，其三爲文史之儒，其言曰：蓋謂上自羲軒，下迄近代，載籍之繁，浩如煙海，莫不擷其元精，嚅其芳腴，搜其闕逸，略其粗滓。約其枝蔓，引觚吐辭，頃刻萬言而不之止。司馬遷班固是也。卽其所論，雖曰浮文勝質，纖巧作樸，不可以入道，不及道德事功之儒，而較長絜大，則優於彼游俠曠達智數章句四科之儒，亦霄壤矣。（宋文憲公全集）固之配遷，亦其宜矣。

史漢之文，皆天地間之奇文章也。王維楨曰：古今文章家各擅奇嚮六家：左氏之文，以葩而奇。莊生之文，以元而奇。屈原之文，以幽而奇。戰國策之文，以雄而奇。太史公之文，以憤而奇。孟堅之文，以鬯而奇。（漢書評林）蓋各自能成家者也。卽以史而論，亦千古所罕覯。楊士奇嘗謂前史文章卓然高世爲世法者，司馬遷史記，班固前漢書，及歐陽修五代史而已。（漢書評林）蓋以文而言，乃公論也。

雖然，馬之與班，雖俱得天才之厚，而其發為文章，固自相懸殊。楊萬里嘗比馬為太白，班為少陵，蓋一則如僊翁劍客，一則雅士騷人也。朱子曰：太史公書疎爽，班固書密塞。程伊川云：子長著作，微情妙旨寄之文字蹊徑之外，孟堅之文情旨盡露文字蹊徑之中。讀子長文必越浮言者始得其意，超文字者乃解其宗。班氏文章亦稱博雅，但一覽之餘情詞俱盡，此班馬之分也。可謂得其覈矣。而淩約以為班馬兩家古今絕筆，譬之名將，子長之才豪而不羈，李廣之射騎也。孟堅之才，贍而有體，程不識之部伍也。亦頗能得其彷彿。然評史漢文詞之最得肯要，莫明之茅坤若矣。坤之言曰：太史公與班掾之才，固各天授，然史記以風神勝，而漢書以矩矱勝。惟其以風神勝，故其遒逸疎宕，如餐霞，如嚙雪，往往自齒頰之所及，而指次心思之所不及，令人讀之解頤不已。惟其以矩矱勝，故其藻畫布置，如繩引，如斧剸，亦往往於其複亂龐雜之間，而有以極其首尾節湊之密，令人讀之，鮮不擢筋而洞髓者。予嘗辟之治兵者，太史公則韓白之兵也，批亢擣虛，無留行，無列壘，鼓鉦所嚮，川沸谷夷。若班掾則趙充國之圍先零，諸葛武侯之治蜀也，嚴什伍，飽糇糧，謹間諜，審嚮導，先爲不可勝以待敵之可勝，故其動如山，其靜如陰，攻圍擊刺百不失一。兩家之文並千年絕調也（漢書評林序）旨哉言乎。

馬班優劣論　劉知幾曰：史漢繼作，踵武相承。王充著書，既甲班而乙馬，張輔持論，又劣固而優遷，然此二書，雖互有修短，遞聞得失，而大抵同風，可謂連類。（史通鑒識）又曰：蓋班固之譏司馬遷也，論大道則先黃老而後六經，序遊俠則退處士而進姦雄，述貨殖則崇勢利而羞貧賤，此其所蔽也。又傅玄之貶班固也，論國體則飾主闕而折忠臣，敘世教則貴取容而賤直節，述時務則謹辭章而略事實，此其所失也。尋班馬二史，咸擅一家，而各自彈射，遞相瘡痏，夫雖自卜者審，而自見爲難，可謂笑他人之未工，忘己事之已拙。（史通書事）其論極爲平允，然吾人於此雅不欲置論。蓋自古作者，鮮能無病，必申以糾摘，窮其負累，雖擢髮而數，庸可盡乎。然就史論史，則其間創述難易，變自不同。太史公則削去史氏編年以來之舊，突起門戶，首爲傳記。且以一人之見，而上下五帝三王數千百年之間，故其文散亡而所聞易汨，所自表見者固多，而其所蔽且舛者，亦時有之。班孟堅則僅起漢氏，非其里巷長者之所傳習，即其甲令耳目之所覩。況武帝以前，則按史記故本爲之表裏，夫旣綴其所長而避其所短，而昭宣以後，則又有劉向東觀漢書，及西京雜記爲之旁佐羽翼其際，故及補其闕遺而懲其固陋，此則兩家者所値之異也。（茅坤說）